すべての営業のための

絶対達成バイブル

Perfect Achievement Of Goal

横山信弘

(株)アタックス・セールス・アソシエイツ
代表取締役社長

フォレスト出版

はじめに

「絶対達成」の起源

２０１１年12月にダイヤモンド社から『絶対達成する部下の育て方』が出版され、５年が経過しました。これまでに13回も増刷される（２０１６年秋現在）ほどのベストセラーとなっています。この書籍のタイトルが「絶対達成」の起源です。

実のところ、それまで「絶対達成」というフレーズを、私はコンサルティング現場で一度も使ったことがありませんでした。しかし、書籍が出てからは、お客様の間でこのフレーズが瞬く間に広がっていったのです。

セミナーのタイトルも、

「目標が達成できる営業力アップセミナー」

とするより、

「絶対達成する営業力アップセミナー」

としたほうが2倍以上、お客様を集客することができました。言葉の使い方によって、これほどまでにプロモーション効果が変わってしまうのかと驚かされたものです。

その後、「絶対達成」というフレーズは独り歩きをし始めます。

「絶対達成LIVE」や**「絶対達成プライム」**という当社サービス、日経ビジネスオンラインのコラム**「絶対達成2分間バトル」**、ユーチューブの無料動画チャンネル**「絶対達成チャンネル」（http://www.forestpub.co.jp/yokoyama/）**、意欲の高い社長が集まるモンスター朝会**「絶対達成社長の会」**、経営者ランナーの**「絶対達成ランニングクラブ」**、筋トレ仲間の**「絶対達成ジム」**、英会話コミュニティの**「絶対達成**

EnglishClub」……など、多くのサービス、会の名称に使われるようになりました。「絶対達成」というフレーズそのものが覚えやすいのでしょう。書籍タイトルの一部だった言葉が、多くのお客様によって育てられ、今日にいたっています。

「予材管理」は、いつから始まったのか?

一方、本書の第4章で紹介している、**営業マネジメント手法「予材管理」**という言葉は、「絶対達成」というフレーズよりもずいぶん前から私たちは使っています。

目標の2倍の材料をあらかじめ積み上げ、最低でも目標を達成させる営業マネジメント手法――という触れ込みで「予材管理」という言葉が世に出たのは2005年の頃です。

それから10年以上、私が年間100回以上のセミナーや講演を通じて「予材管理」を紹介し続けてきました。現在は、私に加え、年に150回以上のセミナーを開催する部下が2人、100回以上が1人、50回以上が2人おり、NTTドコモ様などの**大**

企業から中小企業、営業が1人もいない個人事業主まで、この「予材管理」が普及することになったのです。

では、なぜここまで「予材管理」が普及したのでしょうか？

それは、前述したように「絶対達成させるために、目標の2倍の材料を仕込んで管理する」という**圧倒的なわかりやすさがウケた**からだと認識しています。

「絶対達成」というフレーズは、「予材管理」が誕生してからずいぶんと後なのですが、今では**「絶対達成するには、予材管理」**と言われるぐらいに、この2つの言葉はお客様の中で浸透しています。

「絶対達成」の誤解

「絶対達成」というフレーズを耳にすると、多くの人が「キツそう」「厳しそう」「近寄りがたい」というイメージを抱くようです。

ある銀行の支社長が融資先の社長に「横山さんという営業コンサルタントを紹介し

ましょうか？」と言ったところ、「噂で聞いたことがある。本を読んだこともないし、講演にも足を運んだことがないが、当社には合わない考えだ」「目標を絶対達成しろだなんて、キツすぎる。若い子はドン引きするだろう」といった声が返ってくるそうです。

表現を少し変えるだけで、言葉が持つ印象はずいぶんと変わります。

たとえば、「初め」と「最初」は同じ意味です。2番目の「初め」も5番目の「初め」もありません。「初め」は必ず1番目を示すものです。にもかかわらず「最も初め」を意味する「最初」という言葉が存在します（「一番最初」という表現を使う人もいますが）。

この事例と似て、**「達成」も「絶対達成」も同じ意味**です。「達成」という言葉に「絶対」がついたからといって、特段ニュアンスが変わることはありません。

「明日、10時にお客様のところへ遅刻せずに行けよ」

と言われるのと、

「明日、10時にお客様のところへ絶対に遅刻せずに行けよ」

と言われるのと、何か違いがあるでしょうか？

何もありません。「遅刻しない」も「絶対に遅刻しない」も同じなのです。ほとんどの人はどちらの表現を使われようと、違和感など覚えないでしょう。

したがって、**「目標を達成する」と「目標を絶対達成する」という表現はまったく同じ**もの。にもかかわらず、「目標を達成する」というフレーズを「目標を絶対達成する」と変えたとたんに、激しく葛藤を覚える人がいます。前述した社長のように「絶対達成だなんて厳しすぎる」というリアクションをするのです。

こういう人は、**「目標を達成しなければならない」と口では言っているものの、結局はその気がない**のです。残念ながら、覚悟がないのです。真剣さが薄いのです。どんなノウハウを知ろうが、どんなツールを採用しようが、マインドセットができていない人や組織が、目標を達成させられることなどできません。

くどいようですが、「絶対達成」という言葉は、「初め」を「最初」と言い直しているのと同じで、何も特別なフレーズではありません。ただ、その人の**「本気度」を推し量る**には格好の言葉と言えるでしょう。

チームマネジメントで最も大切なこと

私たちコンサルタントが企業の現場に入って支援する際、**最も大切にしていること**は**「場の設計」**です。これは、6刷（2016年秋現在）のベストセラーとなったフォレスト出版『「空気」で人を動かす』にも記されています。

どんなに理屈が正しくとも、**組織の空気、チームの雰囲気が悪ければ、人の意識や行動が変わることは難しい**といえるでしょう。

10人のチームで、

「目標を絶対達成するのはあたりまえだ」

と心の底から受けとめている人がリーダーだけで、あと9人のメンバーが、

「目標はあくまでも目標であって、達成できないこともある」

と捉えていたら、チームの空気は濁っています。

なぜなら、チームの良さは、自分が持つポテンシャル以上の力を、他のメンバーに

よって引き出してくれることだからです。「1＋1＝2」のようなチームではなく、**「1＋1＝2・5」とか「1＋1＝3」となるようなチームにする**には、実際に達成するかどうかは別にして、メンバー全員が、

「目標を絶対達成するのは、あたりまえだ」

と疑うことなく信じることなのです。

一度も訪問したことのないお客様のところにでも、「絶対に遅刻しないでたどり着くことができる」とほとんどの人が信じているはずです。

したがって、まだ一度も自分の力で達成したことがない目標でも「絶対達成できるだろう」と受け止めることはできます。

少なからず、社会に出たばかりの新入社員が「目標を絶対達成してくれよ。期待している」と上司に言われ、

「世の中に『絶対』はないと思います。努力はしますが、絶対達成しろだなんてプレッシャーをかけないでください」

などと反論する人はいないでしょう。

入社して1年、2年と経過し、上司や先輩社員の言動に感化され、「そうだよな。頑張ってもムリなものはムリだ。逆立ちしたって達成できない目標を言う社長がおかしいんだ」などという思考に変わっていくのです。

問題は「空気」なのです。**空気を変えることによって、人の行動は劇的に変化し、多くの問題が解決に向かいます。**本書では、組織でリーダーシップを発揮する上で不可欠な「空気のつくり方」についても、ポイントを整理して記載しました。

「予材管理」の誤解

目標の2倍の材料を仕込んで絶対達成する営業マネジメント手法「予材管理」は、書籍がロングセラーになったこと、そして、私や部下たちの、数えきれないほどのセミナーによって、瞬く間に広まっていきました。

おかげさまで**「予材管理と出会ったことで、当社の目標が安定的に達成できるようになりました」**と言われることが日に日に増えています。

その一方で、「予材管理を始めたけれど、うまくいかない」「予材管理をやっているが目標が達成しない」という声もたくさん耳にします。

うまくいかない理由のほぼすべては、「予材管理」に対する誤解が原因です。

「予材管理」の基本は、「目標の2倍の予材を仕込む」ことです。当然のことながら、仕込む前に**「予材資産」**が潤沢になければ、予材の量を目標の2倍にまで積み上げることはムリです。それに、**質の悪い予材がどれほどあっても目標は達成しません。**「予材管理」は、**目標の未達成リスクを回避するマネジメント手法**です。どんなことでも、リスクを回避するためには、正しい知識と、入念な準備が必要です。

「予材管理」は、営業管理のちょっとした流派ではありません。いつも食べている料理にちょっとしたスパイスを振りかけるような程度のメソッドではないのです。営業や経営を根本的に見つめ直す、革新的なアイデアが詰まっています。

このアイデアは、私や部下が考えたものではなく、ほとんどが「ゼロから営業組織を立て直し、最低でも目標を達成させたい。ストレスかけることなく、目標を絶対達成させられる組織に生まれ変わりたい」と願う、多くのクライアント企業の人たちによって編み出されたものばかりです。

コンサルタントである私も部下たちも、常に現場にいます。支援企業の営業さんたちも常に現場を歩き回っています。会議や資料作りに明け暮れている人たちはほとんどいません。

ですから、**現場での経験によって常にアップデートされ続けた「予材管理」が机上の空論であるはずがない**のです。「絶対達成」という発想もまた、単なる精神論であるわけないのです。

10年にわたる現場から導き出されたノウハウ、エッセンスを凝縮した「バイブル」

本書は、10年以上、現場で「営業力をアップさせて目標を絶対達成させるコンサルティング」をし続けた者たちと、その支援を受けて葛藤し、大きく成長していったクライアント企業の人たちによって作り上げられたノウハウが詰まっています。

絶対達成するために必要なマインド、スキル、リーダーシップ、マネジメント……そして、予材管理。

本書はどこから読んでもかまいません。興味のあるトピックを見つけたらそこを開き、何度も読み返してもらいたいと思います。

すぐに理解できなくても「インパクト×回数」です。読んで実行し、体験を重ねていくことで、体で理解できるようになります。

会議や朝礼、社内勉強会などでもご活用ください。

営業組織のみならず多くの部署で、それこそ「目標達成のバイブル的な書」になることを心から願っています。

絶対達成バイブル◎CONTENTS

第2章 絶対達成スキル

第3章 絶対達成リーダーシップ&マネジメント

第4章 絶対達成の予材管理

装幀◎河南祐介(FANTAGRAPH)
本文・図版デザイン◎二神さやか
編集協力◎高橋淳二、野口 武
DTP◎株式会社キャップス

第1章

絶対達成マインド

「絶対達成」とは何か？

「朝起きたら歯磨き」と同じ感覚

「絶対達成」とは何か？

それは「目標」を「あたりまえ」のようにクリアし続けることを指します。

「前よりも良くなった」あるいは「目標にかなり近いところまでいけた」といったことは、「絶対達成」ではありません。

どんなに悪くても目標達成――それが、「絶対達成」の定義です。

誰もが、食後に歯を磨くのは「あたりまえ」と感じています。

誰もが、朝起きて、時間どおりに出社するのは「あたりまえ」と感じています。

そして、実際に行動し、その「あたりまえ」を実現しています。

これとまったく同じ感覚です。

目標達成を「あたりまえ」と感じ、その「あたりまえ」を実現するのです。

目標達成に、やる気やモチベーションは必要か?

では、目標を「絶対達成」するときに、中心となるものは何でしょうか?

それは「マインド」です。「自信」と言ってもいいでしょう。

では、この「マインド」をどのようにすれば身につけられるのでしょうか?

「意気込み」「やる気」「気合」「モチベーション」……。

そういったものは、まったく必要ありません。いや、**むしろ、邪魔**ですらあります。

歯を磨くのにやる気は必要ないですし、会社へ出社するのにモチベーションなど要らないはずです。

やる気やモチベーションの高いときには「目標達成に向かって全力疾走します」と熱くなりながら、時間が経過すると、そのやる気やモチベーションはどんどん小さくなり、〝わかっちゃいるけど、なかなかできない状態〟で期日を迎え、目標は未達のままという事態に陥る――。

それが人間というものであり、やる気やモチベーションの大きな弊害というものです。

目標達成は「あたりまえ」――。

この思考を本書では**「絶対達成マインド」**と名づけます。

「絶対達成マインド」を身につけるのに、やる気やモチベーションはいっさい必要ありません。

たとえるならば、コンピューターのＯＳ（オペレーティングシステム）のようなもの。身につけるだけで、１つの事柄だけではなく、どんなことでも「あたりまえ」のようにできるという思考習慣、行動習慣が手に入ります。
目標達成は「あたりまえ」――。そう思って日々仕事をしていますか？

絶達ポイント

「絶対達成」とは、目標を「あたりまえ」のようにクリアし続けること。

1秒以内に目標を即答できるか？

目標達成できない原因がすぐわかる方法

あるオフィス機器販売の会社にコンサルティングに入った初日、会議室に集まった営業の皆さんに、私はこう言いました。

「今期の目標を、全員の前で1人ずつ発表してください」

社長や経営幹部が後ろに控える中、1人ずつ前に出てきた営業たちは申し訳なさそ

うな表情で、

「いきなり言われても困ります」

「すぐに思い出せません」

と言いました。

「逆立ちしてもできないような目標を言われているので、覚える必要がないと思っています」

このように開き直る営業もいました。

ほとんどの営業が、何も見ずに目標を言うことができないのです。言えたとしても、去年の目標を言う人や、

「目標はすぐに出なくても、達成させるつもりです」

と意気込みだけは高らかに言う営業がいて、社長や幹部たちは唖然《あぜん》としていました。

35名いた営業の中で、正しい目標を口にできたのは、たった3名のみ。

会議室の後ろで聞いていた社長は、怒り心頭です。

「これまでどうして目標を達成できないのか不思議でしょうがなかったが、目標の数

字をすぐに言うことができないヤツばかりで信じられん！　これまでどういうマネジメントをしてきたんだ！」

今期の目標を自分の名前を答えるレベルで即答できるか？

営業の仕事とは、「目標を達成させること」。これに尽きます。

したがって、年間目標を達成しなければ、「仕事をした」とは言えないのです。

「そんなことは当然だ」と言い切れるでしょうか？

私がコンサルタントとして1万人を超えるマネジャーにアンケートをした結果からわかったのは、

「営業の8割が、自分の目標に焦点を合わせていない」

という現実です。

突然目標を聞かれたからといって、

「あの業績管理資料に書いてあったんじゃないですか？」

「あそこのファイルサーバにあるデータを見ればわかります。見てきていいですか？」

などと答えてはいけません。

「あなたの名前は何ですか？」という問いに答えるのと同じくらい瞬時に、返答しなくてはならないのです。

達成できるかどうかは別です。

まず、

「今期の目標は1億7800万円。そのためにXというサービスを33社に導入する予定です」

と即答できなければなりません。

新幹線に乗っている人に、「あなたはどこへ行くのですか？」と尋ねて、すぐに答えられない人はいないでしょう。

時間は、1秒以内です。

1秒以内に自分の目標が言えないのであれば、それは営業とは言えません。

どんなに言い訳をしたところで、

「あなたには目標を達成するマインドがない」

「そもそも自分の仕事が何かわかっていない」と言われても仕方ありません。

絶達ポイント

1秒以内に目標を言えなければ、営業としての資格がないのと同じ。

意識することは、1つに絞る

1つの「あたりまえ化」の後に、次の「あたりまえ化」を実施する

「訪問件数をアップする」
「業務を効率化する」
「提案力を磨く」
「資格を取得する」

……などなど。

1つのことではなく、複数のことを同時に意識して達成させようとする会社が多いようです。

「部長、お客様への接触回数が足りないことは明白ですから、まずは訪問件数のアップだけを意識させましょう」

と私が助言しても、

「そうは言っても、業務も効率化しなくちゃいけないし、提案力もアップしなければならない。他にもいろいろやってもらわなくちゃ困るんだ」

と反論されることが大半です。

無理してやれば何とかなるのならともかく、**一度にさまざまなことを変えようとすると、すべてが中途半端に終わる可能性が高い**のです。

人間は、一度にいろいろなことは意識できません。

まずは、1つのことに焦点を絞る。**それが「あたりまえ化」した後で、次へと焦点を移していく**べきです。

対人関係能力が低い人に、やたらとテクニックを紹介しても、ほとんどが実践できません。

欲張っていろいろ意識するよりも、

「6カ月間は『挨拶』だけを意識する」

としたほうが、よほど効果が高いのです。

「絶対達成」に向けて行動をスタートするときには、

「今は他のことができなくてもいい」

と、割り切ることが大切です。

そして、顧客接点のみに意識を集中し、大量行動を開始します。

その行動量が「あたりまえ化」してしまえば、「自信」と「余裕」が生まれます。

そのときになって、「効率化」や「提案力アップ」といった懸案だったことに取り組みましょう。

勇気をもって、とにかく1つだけに絞るのです。

「目標はいくらだ?」と繰り返し尋ねていくうちに、自ら考え出す

部下に「絶対達成」させる上で大切なのは、「目標はいくらだ?」と繰り返し尋ねることです。

つまり、**「目標」だけに焦点を向けさせる**のです。

すると、焦点を合わせるようになっていきます。

そして、

「自分の目標は1億円だけど、このままだと8500万円しか見込むことができない。残りの1500万円をどうすればいいだろう?」

「このお客様のポテンシャルはどれくらいあるだろうか?」

「誰にどのようなアプローチをすれば、どのくらい売上が上がるか?」

「どんな商材を持っていけば、振り向いてくれるか?」

と、部下が自ら考え、自発的な行動を始めます。

焦点を合わせていれば、目標に対する不足分がわかります。

この不足分が「空白」となり、脳に空白をつくります。脳に空白があれば、その空白を埋めたいという欲求が働くため、人は能動的に行動するのです。

絶達ポイント

1つのことに焦点を合わせ「あたりまえ化」した後で、次へ焦点を移していく。

習慣＝インパクト×回数

思考や習慣を変化させる方法

目の前に、緩やかな坂を転がり続ける重いボールがあると想像してみてください。このボールを止めたり、曲げたり、逆回転させるためには、どうすればいいでしょうか？

◎強いインパクトを与える

◎弱いインパクトを何度も与える

のどちらかです。

つまり、ボールの変化の大きさは「インパクトの強さ」と「回数」のかけ算によって決まると言えます。

過去の体験によってできあがった思考や習慣も、この重いボールとまったく同じです。思考や習慣を変化させるには、**「インパクト×回数」**が必要です。

私にも「目標達成しろと言われても、できないものはできない」と言っていた過去があります。

そういう考えが自分の成長を止め、働く意欲を削《そ》ぐ原因となっていたとは、想像したこともありませんでした。

私が変わることができたのは、転職によって強いインパクトを受けたからです。

自信がなく、精神状態も危うくなり、日立製作所を辞めた私を変えたのは、目標達成が「あたりまえ」という新しい会社の風土でした。

しかし、転職とは、一般的な方々にとって現実的な選択ではありません。

そのため、インパクトの強い転職をするわけではなく、同じ環境にいながら思考を変革させるために「回数」が重要になってきます。

新たな行動をスタートさせるには、自分で自分の背中を押してみることです。

弱いインパクトでいいのです。懲りずに何度でも背中を押すのです。

「やろうよ」

「そろそろ動き出そう」

などと自分自身に働きかけます。

意識する回数を増やすのです。

意識するインパクトと次のインパクトとの期間は、あまりに長いと効果はなくなります。ですから、思い立ったら毎日のように自分の背中を押してみましょう。

回数を重ねて、脳のプログラムを書き換える

他人にはできない行動をスタートする人、続けられる人、さらに結果を出す人も、多くの場合は、人生を変えるような大きな体験をしているわけではありません。

「何がきっかけで、そういう行動ができるようになったんですか？」

と聞いてみてください。

すると、多くの場合は、それほど強烈なきっかけがないのだ、とわかります。ほとんどの場合は、ちょっとした出来事がきっかけなのです。

ですから、思考のクセをメンテナンスするためには、やはり「回数」が大事になってきます。

回数を重ねることで、脳のプログラムを書き換えていくのです。

絶達ポイント

同じ環境にいながら思考を変革させるには、「回数」が重要になってくる。

行動をロックする

意識するだけでは、新たな習慣が身につかない人へ

「わかっちゃいるけどなかなかできない」という状態から、毎日歯を磨くのと同じような「あたりまえ」の状態へステップアップすることで、「絶対達成」できる人間になります。そのためには、**「インパクト×回数」が必要**と前項で解説しました。

しかし、「やろう」「動き出そう」と自分を鼓舞《こぶ》し続けるだけでは、新たな習慣を手

に入れることはありません。

私の音声教材を利用している営業部長が、あるとき、私にこんな話をされました。

「横山さんの声を聴くとやる気が出てくるね。やっぱり当社も目標に焦点を合わせないといけないよ」

しかし、営業部長がこのようにおっしゃるのは、すでに3回目。

「横山さんと会うとやる気が出る」「絶対達成の話を聴くとテンションが上がる」、このように言ってくださるのはうれしいのですが、「そろそろ新たな動きをしませんか?」と尋ねると、「それは、なかなか……」と返ってきます。

すぐに行動できない人は、意識する回数を増やすだけでいいのです。特に経験豊かな方が、そう簡単に新たな動きをスタートできるはずがありません。

しかし、**何カ月も何年も同じようなことを言い続けていると、「有言不実行」の思考パターンが染みついてきます。**

会議中に、「わが社は言うだけで、なかなか実行できない悪いクセがある」などと公言する社長が時にはいますが、そのような風土では部下たちがやる気を失います。

意識の「インパクト×回数」が一定期間過ぎたら、次は**行動の「インパクト×回数」**です。

そして、行動のインパクトを強めるのが、**行動の「ロック」**です。

私は、**行動計画をやりきると宣言する**ことを「ロックする」と呼んでいます。

コンサルティング先では必ず、宣言した行動はロックしてもらうようにしています。

「扉にカギをかける」という言葉のとおり、「ロックします」と宣言したら、その扉はもう二度と開かないことを意味します。

私が「ロックしますか?」と尋ねると、最初はほとんどの方が戸惑います。

「できなかった場合はどうしましょう?」と尋ねられることもあります。

それでも重ねて「ロックしますか?」と質問します。

他人が決めた行動計画ならともかく、**自分で決めた計画**なのですから、ロックしないという選択はありません。

しかし「ロックする」という表現を耳にすると、多くの人が葛藤《かっとう》を覚えるのでしょう。**同じ行動でも、「ロックした行動」と「ロックしない行動」とでは、インパクト**

が異なります。

つまり、ロックすることで、どんな小さな行動もインパクトを強めることができます。

「計画だけでロックはしない」というのは、絶対NG

実際、行動を「ロック」すると、ほぼ確実に「想定外の問題」に遭遇します。

突然急な仕事が入ってくる場合もあれば、体調を崩す場合もあります。

ですから、行動をロックしたら、想定外の問題が発生しないよう、常日頃から気をつけるようになります。

もし想定外の出来事に直面しても、自分で考えて事態の打開をはかるか、誰かの協力で乗り越えようとするでしょう。

ロックすることで、「考える習慣」「相談する習慣」が身につきます。

しかし中には、

「想定外の問題を乗り越えるのが嫌だから、初めからロックしない」

と言う人がいます。

もしくは、

「最初はロックするが、想定外の問題にぶつかった時点で、乗り越えようとせず、後でやりきれなかった言い訳をする」

と言う人もいます。

計画どおりやりきることがいいかどうかは別にして、**考えることなく、また誰にも相談することなく、行動を中途半端に終えてしまうこと自体が問題**なのに、そのことに気づかないのです。

自分に自信をつけさせるためには、想定外の問題を乗り越えて1つひとつ階段をのぼっていくしかありません。ですから、

「計画は立てるが、ロックはしない」というのは絶対にやめること。

行動をロックして「やりきる」ことは、階段を1つのぼるようなものです。

これは、絶対達成マインドを身につけるための正しい手順です。

どうしても難しいと思うなら、ロックできるプランに修正しましょう。計画倒れでもOKというのは、とても甘えた話です。

絶達ポイント

行動ロックでインパクトを強め、新しい習慣を手に入れる。

質より量が大切

営業未経験者がトップになるまでにやったこと

世の中には、「手っ取り早くうまくいく方法」はありませんが、行動を繰り返すことで「手っ取り早くうまくいく状態」にすることはできます。

あるとき、私は、コンサルティング先のホテルで、一度も営業をしたことがない庶務の女性に「営業してもらいたいから、外回りをしてほしい」と提案しました。ベテラン営業が辞めたばかりで、人手が足りなかったからです。

旅行代理店を回り、ツアー客誘致の営業がメインの仕事です。

彼女は「外回りは嫌いじゃないが、営業はやったことがない。会社に迷惑をかけるのでは」とためらっていました。しかし、「私たちの言うとおりにすれば大丈夫」と説得し、チャレンジしてもらったのです。

教育係は、私の部下が担当しました。

「毎日回る旅行代理店は、リストアップ先に限定します。会ってお話しすべき相手も代理店ごとに決めてあります。この方々に、今から言う3つのフレーズで話してください。そして、相手の反応や質問を持ち帰ってください」

こう伝えました。さらに、

「繰り返しますが、それだけです。それをキチンとやりきってください。そして毎日、お客様の反応と質問をまとめて上司に見せ、次にとるべきアクションを聞いて実行してください。週に1回、私が確認し、フィードバックします。これを3カ月、ひたすら続けます」

営業経験のまったくないこの女性は、ルールどおりに3カ月やりきりました。

そして毎日、上司からフィードバックを受けることで、どうすれば効率良くお客様を回ることができるか、どう工夫すれば会うべき人に会えるかがわかってきました。

そして週に1回、合計13回にも及ぶ、私の部下からのフィードバックにより、話し方、質問の仕方が鍛えられていったのです。

さて、結果はどうなったでしょうか？

3カ月で、他の営業の2倍以上の訪問件数を達成し、話し方も質問の仕方も誰よりも上達しました。

3カ月で500回以上、改善を繰り返しながらも、同じフレーズで話し続けたのです。流暢《りゅうちょう》に話せるようになって当然です。

ツアー客の誘致が決まり始めたのは5カ月後から。そして、**営業職に就いてから1年で、トップセールスへとのぼりつめました。**

ヘビーローテーションで、「質」を手に入れる

私がその女性を営業職に抜擢したのは、これまでのベテラン営業たちが**「現状維持バイアス」**（130ページ参照）にかかっていて、組織で決めたことを決められたとおりにやらないとわかっていたからでした。

「ホテルが外回りして営業するなんて、聞いたことがない」

「私たちが行ったら、旅行代理店も嫌がるだろう」

目標達成するためにはどうすればいいかを考えず、やらない言い訳ばかりを繰り返すベテラン営業たちに、社長や幹部も嫌気がさしていました。

また、「当ホテルの売りは何ですか？」「どんなセールスポイントがありますか？」と質問しても、誰もうまく答えられないのです。

ホテルの経営状況は、困窮していました。業績を回復するには、早く手を打たなくてはならなかったのです。

決められたこともやらないし、うまく会社をアピールできないベテランより、あえて経験のない、前向きな若い人に活躍してもらおうと私たちは考えました。

当然のことながら、最初はまったくうまくいきません。お客様を目の前にして何も話せないまま帰社してしまったときもありました。

それでも、彼女の上司と協力し、短期間で何度も何度も同じことを繰り返す――。まさに「ヘビーローテーション」で話術を鍛え、顧客対応力を向上させていきました。

彼女に関しては時間外労働をいっさい認めませんでした。必ず、日中でお客様を回りきり、帰社し、短期間で上司に報告することを義務づけました。

やったりやらなかったりとか、ダラダラ長い時間をかけてやることは「ヘビーローテーション」のスタイルに反します。

短期間、短時間で、同じことをぐるぐる繰り返すのです。

「2カ月目に入ってから、吹っ切れました」

「社外のいろんな人に顔を覚えてもらい、声もかけてもらえるようになって、楽しくなってきました」

「話術がうまくなると、日常生活にも役立つんです」

「初めて仕事がとれたときの感動は、庶務をやっていたときには絶対に味わえないすばらしい体験でした」

今では、別の新事業でも活躍できる人財へと、この女性は成長しました。

何をやらせてもソコソコできる人財、つまり「てっとり早くうまくいく状態」になっているのです。

初めから「質」を追求しようとすると、そこで行動は止まってしまいます。

まずは「量」を意識して行動する。「質」は後からついてくると考えましょう。

絶達ポイント

正しく「量」を積み重ねれば、結果に結びつく「質」が後から手に入る。

初めから「効率」を考えない

短時間で成功する人の2つのタイプ

目標を何としても達成させたい願望がある人に、ぜひとも知っておいてもらいたいことがあります。

それは、最初から**「効率」**を考えないことです。

夢や目標、願望を実現したいという強い思いがあるのに、できる限り労力をかけたくない、お金もかけたくない、最短距離で実現させたい、と考える人がいます。

そういう人が、「毎日10分、好きなことをやっているだけで年収1億円！」といった、射幸心《しゃこうしん》を煽《あお》るキャッチフレーズに騙されるのです。

目標達成プロセスを、初めからショートカットしようとするのはナンセンスです。

特に、いまだ一度も達成していない目標であれば、なおさらです。

ところが、現実には、それほど苦労もせず、短時間ですばらしい成果を出す人がいます。

そのような人は、大きく2種類に分けられるでしょう。

（A）偶然、成功した人
（B）試行錯誤を繰り返しながら、「自分資産」を蓄えた人

（A）は、たとえるならば、100人とジャンケンをして、たまたま勝ち残った人です。偶然、短期間で結果を出した人が、それを実力だと勘違いして、「これだけやれば成功する！」という本を書いたり、セミナーを開催したりします。「再現性」がないため、どんなに真似をしてもうまくいきません。

当然のことながら、参考にすべきは後者の（B）です。

まずは「何をどれぐらいやれば、どのくらいのリターンがあるか」を知る

（B）は、高い目標を決めて、何度も挫折を味わいながら達成してきた人、いろいろな仕事を経験して成功を掴んだ人です。
「インパクト×回数」で身につけた「土台」が違います。

その人が持っている**「自分資産」**は目に見えないものですが、この「資産」がない限り、効率的に結果を出すことなどできないと覚えておきましょう。

「自分資産」には、いろいろな種類のものがあります。

人脈や知識、コミュニケーション能力、環境分析力……などなど。

なかでも私が最も重要だと考えているのは、**「概算力」**です。

能動的なアプローチの量と期待リターンの量との組み合わせによってできた仮説を「概算力」と名づけています。

仮説の有効性を測る「物差し」を持つということです。

何時間の行動で、どれぐらいの結果が出るかを推し量るのに、他人の「物差し」など役に立ちません。

他人よりも不器用だろうが、要領が悪かろうが、話ベタであろうが関係はありません。

重要なことは、自分が何をどれぐらいすれば、どのようなリターンがどのくらい戻ってくるか。そのコンバージョン率が「概算」できるか、ということだけなのです。

そのコンバージョン率さえわかれば、そこから逆算して行動するのみです。

自分が「急行電車」なのか「新幹線」なのか「飛行機」なのかを、ざっくりと知ることです。

ある場所に、ある時刻までに到着したいと考えたとき、他人が「飛行機」で自分が「急行電車」だとわかっていたら、その分、早く出発すればいいでしょう。「自分も飛行機だろう」と勘違いしてはいけませんし、「自分はなぜ飛行機じゃないんだ」と嘆いても仕方がありません。

早く出発するだけで、同じような成果は手に入るのです。

自分のコンバージョン率を知るためには、それ相応の時間が必要です。

「PDCAサイクル」を回しながら、コンバージョン率の平均値を掴んでいきます。

そして概して言えることは、「インパクト×回数」で、自然とそのコンバージョン率はアップしていく、ということです。

最初が「急行電車」でも、いずれ「新幹線」や「飛行機」になり得るのです。

絶達ポイント

初めから効率を求めて動くと、自分のコンバージョン率を知ることはできない。

ネット時代に成功するための「消去法スキル」

――大数の法則

大量の経験を基に、消去する

インターネットや携帯電話、スマートフォンの普及により、高度情報化時代となり、目標達成するためのメソッド、フレームワーク、思考術……など、誰でも手に入る時代となりました。

過去と比較して、高度な知識へアクセスするハードルが極端に低くなったわけです。

けれども、その割には、相変わらずうまくいく人よりも、うまくいかない人のほうが極端に多いのです。

それは、膨大なノイズ、つまり、物事を極端に効率化しようとする**「ショートカット思考」**が世間に浸透し、身近に存在するようになったからです。

「すばらしいメソッドやフレームワーク、仕組みを手に入れて、最短距離で成功を勝ち取りたい」

という発想です。

とはいえ、どんなに優れた方法論を入手しても、当然のことながら「すぐ」に成果が出るわけではありません。

なぜなら、**成功は「消去法」でしか手に入らない**からです。

「消去法」とは、うまくいくこと、うまくいかないことの両方を自ら体験し、「うまくいかないこと」のみを主体的に消去していく方法のことです。

この消去した体験・歴史が、成功へと導いてくれるのです。

ある印刷会社の営業アシスタントが、毎週1回メールマガジン（メルマガ）を発行

していました。私にもそのメルマガが送られてきますが、

「この会社は、メルマガを書いてもうまくいかないな」

と、私にはすぐにわかります。

「メルマガが効果のある会社と、書いてもほとんど意味がない会社がある」

と経験上、私にはわかっているからです。

これまで多くのパターンを試し、うまくいかなかったケースを消去した経験があるためです。

このように、他を凌《しの》ぐほどの圧倒的な量の行動をしているからこそ、うまくいくことと、うまくいかないことの両方を自ら体験することができます。

つまり、
◎成功しない人は、**初めから最短距離を目指す**
◎成功する人は、**圧倒的な行動量でサンプルを集めた上で、うまくいかないことを消去し、そこで初めて最短距離を知る**
という違いがあるのです。

「何を消去するか」の判断基準

「消去法」を行なう際に必要なのは、**「何を消去するか」という判断基準**です。

この判断基準は、誰かに教えてもらうものではないし、すぐに備わるものでもありません。

どんな知識や体験が自分にとって必要なのかは、そうでないものとの「比較した体験」の量が重要です。膨大な数の「比較対象」があって初めて、それらの「類似性」「差異性」を自分で理解できるようになるのです。

◎どんな商品が売れるのか？
◎どんなセールストークが人を動かすのか？
◎チラシはどんな色と構成がいいのか？

いろいろ試し、あらゆる角度で比較検討することで、成功する判断基準が鍛えられていきます。

いろいろな要素の、「うまくいく・うまくいかない」の「類似性」「差異性」を知ることで、構造把握力が手に入り、新たな知識や体験も構造化、体系化できるようになります。**こうすることで絶対達成の再現性が高まります。**

入射する光の効果を最大限に引き出すダイヤモンドには、58のブリリアントカットがあるそうです。

消去（カット）を繰り返すことで、ダイヤモンドのように輝ける成功を手にしていきましょう。

絶達ポイント

真の成功は、膨大な経験からうまくいかないことを消去する過程で手に入る。

できる人ほどモチベーションを口にしない——「やる気貧乏」にご用心

習慣には、「モチベーション」は関係ない

意外と知られていない事実があります。

それは**「モチベーション」という言葉が頻繁に日本のメディアに登場し始めたのは、2001年以降という事実です**。

つまり、「モチベーション」は、比較的新しい言葉なのです。それ以前は「モチベーションが上がらないから仕事に身が入らない」などという表現は誰もしなかったの

です。

「朝9時に出勤する」「お客様と約束した11時に訪問する」「1時間で20個の組み付け作業をする」「夕方6時までに品物を納品する」といった事柄が、もし**「あたりまえ」**になっているのであれば、当然のことながら「モチベーション」など関係がありません。なぜならそれが「習慣」になっているからです。

そもそも「心の動き」や「感情」によって、できるとかできないとかが左右される領域のことではないと潜在意識の中で認識しているからでしょう。

このように、毎日の生活や仕事の中で**「あたりまえ」だと認識していること、「習慣化」していることは、「モチベーション」や「やる気」に左右されない**ことがわかります。

目標を達成してもいないのに、「意欲」や「やる気」に左右されてしまう人は、何が自分にとって「あたりまえ」であり、何をすることが「あたりまえ」でないのかを整理できていない人です。

目標達成できなくても、期限を守らなくても、言われたことを率先してやらなくても仕方がない――。「モチベーションが上がらないのだから……」ととらえているのなら、大いなる勘違いです。とても傲慢《ごうまん》な思考パターンと言えるでしょう。

答えのないものを延々と探し回る「やる気貧乏」

さらに大きな問題は、**「自分は怠けているわけではない」という先入観**です。

「決して怠けているわけではない。怠けるつもりはないけれども、どうしてもやる気が出ない。やる気を出すやり方を知ったけれども、それさえできない。どうしたらいいんだろう?」といった堂々巡りの問い掛けをする人がいます。

こんな堂々巡りはもうやめましょう。キリがないからです。

「やる気」を出す方法ばかり探している人は、答えのないものを探し回っているようなものです。無限ループに陥り、心が貧乏になっていく……。まさに**「やる気貧乏」**と言えるでしょう。

このような思考をそのまま放置していると、泥沼にハマっていきます。

絶対達成マインドを持つ人は、常に何が「あたりまえ」なのかを正しく認識しています。

ですから、もし、そのあたりまえの状態と現状とに「ギャップ」があるなら、その「ギャップ」を埋めようと自然に体が動きます。問題解決しようと行動します。創意工夫を続けるのです。

そこには、**「あたりまえ」という感覚があるだけで、「やる気」は存在していない**のです。

昨今は「怠けている」という表現を使いづらい世の中になりました。

しかし、誰でもそのような状態になることはあるはずです。心の疾病を患っていない限り、「めんどくさい」「気分が乗らない」という感情は普通に抱くものですから、自分の心の状態と正しく向き合いましょう。

「やるべきこと」に対して明確な目標と正しい期限を決めたら、後はただやるだけです。

やるだけのことをできないのなら、「モチベーション」は関係ありません。単に怠けているだけ、そう自覚すべきです。

絶達ポイント

成功者はモチベーションを求めない、ただ「あたりまえ」の感覚があるだけ。

圧倒的なスピードが「情熱」を生み出す

「情熱」と「気合」の違い

「もっと社会や会社に貢献したいという情熱を持ちなさい」

「君の仕事ぶりには情熱が感じられない」

経営者や管理者の中には、やたらと**「情熱」**という言葉を使う人がいます。しかし、「情熱を持て」というところから育成を始めると、残念ながら部下は育ちません。

そもそも、この得体の知れない「情熱」という言葉はどういうものなのでしょうか？

「情熱」とは、辞書で引くと、「熱く高まった気持ち」「意気込み」「熱意」といった意味のようです。違った表現で、私たちの身近にあるのが「気合」や「根性」です。これらの表現も、熱く高まった気持ちを表していることは同じなので、似た要素があるように思います。

しかし、両者には決定的な違いがあります。

それは**「持続性」**です。

「気合や根性」は、**「点」**です。このときばかりは精神を集中させて乗り越えないといけない、そういうとき瞬間的に脳にアドレナリンを分泌させて気持ちを高ぶらせる。これが「気合と根性」の役割ではないかと思います。

一方、「情熱」は瞬間的なものではなく、熱く猛々しい気持ちを一定の期間、持ち続けることを表現しています。ですから、情熱は、「点」ではなく**「線」**なのです。

「気合と根性」は、大声を出したり、自分の頬をぶったりすることで手に入るわけですから、入手方法は比較的簡単です。

しかし「情熱」の場合、そうはいきません。持続性が求められるため、情熱を傾ける物事に対する意義や思い入れが必要となってくるでしょう。

「情熱」は、スピードで生まれる

「情熱がある人」と「情熱がない人」とを判別する物差しは、1つだけあります。

それは、**「スピード」**です。

情熱がない人でもスピード感のある人はいますが、情熱がある人でスピード感が欠如している人はいません。何を取り組むにしても遅い、人から尋ねられないと現状の問題点を把握できない、すべて後手に回っている……という状態であるなら、とても「情熱がある」とは言えないでしょう。

逆に、たとえイヤイヤであっても、スピード感のある仕事を持続的にしていることで、**心の中の火が燃え始め、**いずれその火が大きくなって、情熱の炎を燃やしてくれるかもしれません。スピーディーに物事を推し進めることによって脳が作業興奮を覚え、目の前の仕事の「意義」を理解し、「思い入れ」が強くなって、結果的に「情熱」が手に入るからではないでしょうか。

ですから、もしも最近「情熱」を感じられないと思うなら、「情熱」の有無を問うのではなく、まずは**目の前の仕事をこれまでの2倍以上のスピードでこなし続けてみましょう**。

「あーイヤだイヤだ」と考えている暇もないほどのスピード感でこなすのです。その状態を一定期間保つことで、勝手に内側から熱いものが湧き上がってきます。

何かあるとすぐに熱くなるような情熱的な人ならともかく、そうでもない人なら、静的な情報を得るだけでは、突然に激しい感情が沸き立つことはないのですから。

絶達ポイント

「情熱」よりも先に「スピード」を求めると、情熱は後からついてくる。

逆算思考でとらえる

時間の流れを「未来」から考える

「絶対達成」と聞くと、なにやら大変な努力を求められる気がする人も多いと思います。

しかし、そんなことはありません。

逆算すればいいだけです。

お客様訪問を例に考えてみましょう。

「必ず朝10時に訪問する」という営業と「できるだけ朝10時に訪問したい」という営業がいるとします。

前者は、すべて逆算思考が身についています。

「10時に訪問する→そのために9時40分に最寄り駅に到着する→そのために9時20分には電車に乗る→そのためには9時に自社を出る……」

といった具合です。10時という**未来から今に向かって逆算**しているわけです。

ところが、後者の場合は違います。現在から未来に向かって考えてしまうのです。

「9時半頃の電車に乗れば10時にお客様のところに着けるかな？　そのあたりの電車で間に合うかな？　いや、これだと10時5分に到着してしまうかもしれないな……」

という思考なのです。**今から未来に向かって足し算**をしているのです。

つまり、**前者と後者では、時間の流れ方がまったく逆**なのです。

逆算思考は、難しいものではありません。

しかし、この思考パターンを体得するだけで、結果は劇的に変わっていきます。

「逆算思考」を「発想の転換」に応用する

逆算思考は、日頃から「発想の転換」を繰り返すことで、簡単に身についていきます。

これまで「AだからB」と思っていたことに対して、AとBを逆転させて「'Bだから'A」と思考するのです。

たとえば、

「役に立つ本がない（A）から、本を読まない（B）」→「本を読む（'B）から、役に立つ本との出合いがある（'A）」

「疲れている（A）から、運動できない（B）」→「運動する（'B）から、疲れない体が手に入る（'A）」

などです。

今まで「AだからB」だと頑なに信じていたことでも、発想を切り換えて「BだからA」と思考すれば、まったく違う結果が手に入る。そのことが理解していただけると思います。

これは、

「部下が仕事を覚えない（A）から、仕事を任せられない（B）」→「仕事を任せる（B）から、部下が仕事を覚える（A）」

「忙しい（A）から、上司と情報共有ができない（B）」→「上司と情報共有をする（B）から、忙しさから解放される（A）」

といったように、1つひとつの仕事においても完全に当てはまります。

ちなみに、**「モチベーションが上がらないから、仕事に打ち込めない」**という話をよく聞きますが、これも**「仕事に打ち込むからこそ、モチベーションがアップする」**

と考え、目の前のやるべき仕事にただひたすら向かえばいいのです。
逆算思考、発想の転換を上手に使って、目標達成を「あたりまえ」に成し遂げましょう。

絶達ポイント

「絶対達成」に必要なのは、努力や根性ではなく、逆算思考や発想の転換。

高い「テイクオフ」できる決断をする絶好のタイミング

決断力のある人の特長

決断力がない人は、成長スピードが遅くなります。

「やらずに後悔するよりも、やって後悔するほうがいい」という名言があるとおり、**「やらなかったことの後悔」**のほうが、ダメージが大きいと言えます。

決断できないデメリットは明らかであるにもかかわらず、決断力がない人は、「やろう、やろう」「やりたい、やりたい」「やるべきだ、やるべきだ」と口では言っていても、なかなか決断できません。何か思い立っても、「明日考えよう」「忙しいから来週にでも」……などと言って先延ばししてしまいます。

決断力は習慣です。

決断力がある人は、「決断癖」がついています。小さな決断を繰り返してきた歴史があるため、いざとなったときに大きな決断ができます。

とはいえ、決断力のない人に、「失敗を恐れるな」「自信を持て。君ならできる」とアドバイスしても難しいでしょう。心構えだけでは、悪癖の治療はできません。

どうしても「今、決断できない」ということがあれば、**正しく決断できるタイミングまで先延ばししてみる**ことをお勧めします。

ストレス耐性が高いときが正しく決断できるタイミング

決断ができないのは、ストレス耐性が低いからです。

ですから、ストレス耐性が高い時期、時間帯を選べば、普段はできない決断もできる**可能性が高まります。**

ストレス耐性の高い時期は、何かの**「節目」**です。

結婚や出産といった大きな「節目」は、当然のことながら、とてもストレス耐性が高い時期です。なんでもいいので、大きな決断をすることをお勧めします。

「自分は自分だから、これまでと同じようにやっていこう」などと逃げてはいけません。「決断癖」をつける上でも、めったにないチャンスに目を向けましょう。

結婚や出産、昇進……などといった大きな節目も、「入社」「昇進」「会社創立記念日」「期首」など、会社に結びついた節目でもいいでしょう。

こういった機会は、**決断する上で絶好のタイミング**と言えます。

また、節目の中で特に注目したいのは**「新年」**です。年に1回、必ずやってくる新年は、誰にでも平等に訪れる神聖な節目のとき。年の瀬が近づいてきたら、新年を迎えるまでは決断することを先延ばしにし、このチャンスに備え、待つのです。

さらに、ストレス耐性が最も高い時間帯は、**朝起きてから20分後**と言われます（参考文献：久保田競氏著『あなたの脳が9割変わる！　超「朝活」法』）。5時に起きたら5時20分。6時に起きたら6時20分です。

正確に20分後かどうかはさておいて、**夜よりも朝のほうがストレス耐性が高い**ことは間違いないでしょう。

「節目」や「朝」といった、誰にとってもすばらしい「決断タイミング」を、絶対達成のプロセスにうまく取り込んでいきましょう。

絶達ポイント

心構えだけでは悪癖の治療はできない。ストレス耐性の高い「節目」や「朝」に大きな決断をする。

組織の大気汚染を引き起こす「作話スモッグ」

「後付けの言い訳」が、場の空気を汚す

人間は、過去の言動を一貫して正当化したくなるという習性を持っています。これを**「一貫性の法則」**と呼びます。

まず体が反応して意味を探す。現に起きてしまった行動や状態を、自分に納得のいく形でうまく理由づけて説明してしまう。これが意味の偽造……**「作話（さくわ）」**

と呼びます。**「後付けで言い訳をする」**と表現すればわかりやすいでしょうか。

この「作話」が、「場の空気」を汚します。「場の空気」が悪いと、うまくいくはずのことでも、まったくうまくいきません。言い訳ばかりのチームには**「作話スモッグ」**が起きているととらえましょう。

上司から言われていた仕事をしていないケースがあるとします。その件について問い質されると、ついつい「最近問い合わせが多くて、なかなか時間をつくることができなかったんです」という返事をしてしまった。

これが「作話」です。

よく考えず、条件反射で言ってしまうような後付けの言い訳です。

引き受けたときは「やります」と言ったにもかかわらず、結局やっていないと、自分を正当化するための理由を作り上げてしまうものです。

これを繰り返していると、「インパクト×回数」の理論からして習慣化していきます。

無意識のうちに作話してしまうため、作話が「あたりまえ化」します。すると、気づかないうちに「自分資産」を減らすことになり、人との信頼関係を壊していきます。

さらに、上司も部下もみんな後付けで言い訳ばかりしていると、その「組織の空気」は非常に悪くなっていきます。

組織の空気が汚れているにもかかわらず、その汚染レベルがわからなくなるほど鈍感な人が多いと、どんなにいい人財が入ってきても、すぐその空気に汚染されます。いつの間にか、若い人たちまで無邪気に作話を始めるのです。

「作話スモッグ」を浄化する方法

「作話スモッグ」で組織を汚染しないようにするには、**早めの対処（引き締め）**が必要です。

「場の空気」が微妙に悪くなってきたと感じたら、リーダーはできる限り早く手を打ちましょう。

細かいテクニックなど必要ありません。引き締めるだけでいいのです。

普通に「キチンとやろう」「最近たるんでるぞ」と言えばいいのです。少しキツめに言っても、「場の空気」が中和してくれます。

ところが、早めに対処できなかった場合は、チーム内に「緩んだ空気」が蔓延《まんえん》していきます。

「キチンとやれと言われても、できないときだってあるし」
「たるんでるわけじゃありません。時間がなかっただけです」
「目標が高い割に、人数が少ない」

などと平気で作話を始めたりします。

こうなると、そう簡単に空気を浄化することはできません。

チームに「なあなあの空気」が広がっているなら、時間をかけて空気を良くしていきましょう。

そして、リーダーは、**客観的データによる事実（ファクト）で示していく**努力をします。

「行くべきお客様への訪問回数が１００を下回った営業の目標達成率が平均94％。１

00を上回った営業の達成率は平均105%だ。それに100を上回った営業のほうが、残業時間が平均10時間も少ない。だから言ってるんだ」

このようにデータで「動かぬ証拠」を見せることが重要です。放置しておくと、後戻りできないぐらいに空気が悪くなっていきます。チームリーダーは、早めに空気の変化を察知して対処するのが一番です。

絶達ポイント

「場の空気」を悪くする「作話スモッグ」。気づいたらすぐに引き締める。

ロジカルに「謙虚さ」を考えてみる

正しい「謙虚さ」の定義

入社、異動などの「節目」を迎えると、人は「心機一転、今年度はやるぞ!」と気持ちを新たにするものです。

しかし、月日が経つと、そういった気持ちが萎《な》えてくることもあります。

2カ月、3カ月と経過し、「もっと違う仕事がしたかった」「頑張ってるのに、あまり評価されていない」という感情が芽生え、やる気が失われてくるときがあるものです。

そういうときは**「謙虚さ」**を持つべきだと私は考えます。

しかし「謙虚になれ」と言われても抽象的ですし、どちらかというと精神論です。どう解釈すべきかよくわからない人もいることでしょう。

そこで「謙虚さ」とは何か、私なりに解説したいと思います。

「謙虚さ」とは、**「自分の『あるべき姿』と『現状』とのギャップを正しく認識すること」**です。

謙虚さに欠けている人は、

◎自分がどうあるべきかを知らない
◎自分の現状を正しく認識していない

のどちらか、もしくはその両方なのです。

謙虚になるための方法

「謙虚になれ」と誰かに言われても、このどちらかを間違って認識していたら、正しく謙虚にはなれないものです。

定量的な指標があれば、「あるべき姿」と「現状」との両方を数値で表現することで、今、自分に何ができていて、何ができていないかを客観的に認識できます。

しかし、数値的な指標がないならば、周囲の人（上司など）に質問・確認してみるのもいいですし、別の職場で働いている人、同世代で頑張っている人とのネットワークをつくることでもいいでしょう。

同じ組織にずっといると、「これぐらいでいいよね」「これぐらいが常識」みたいな勘違いをしてしまいます。

謙虚と卑下は違う

ところで「謙虚さ」の話をすると、別の意味で勘違いをする人がいます。「謙虚になる」ことと、自分を「卑下する」ことを同類と受け止めてはいけません。

自分を過小評価する必要はないのです。

「あるべき姿」と「現状」を正しく把握し、順調に「あるべき姿」へと近づいているのであれば、それを謙虚に受け止め、自信を持てばいいのです。

過剰に「自分はダメだ」「何もかもうまくできない」などとへりくだっていると、劣等感ばかりが募っていき、悪影響を及ぼします。

絶達ポイント

自分の「あるべき姿」と「現状」とのギャップを正しく認識する。

人間関係を悪くする「ラジカル・フィードバック」をしない、させない

「ラジカル・フィードバック」を引き起こしやすい2つの原因

たとえば上司が、

「社長方針にあったように、4月から新規顧客開拓に注力する。今後、新規のお客様を増やしていかないと、とても来期の目標は達成できない」

とメールに書いて部下に送ったとします。部下は、そのメールを読んで、

「わかりました。新規のお客様の開拓だけやればいいんですね？　これまで私がどれぐらい既存のお客様との関係を維持するのに力を注いできたか知りもせずに、新規だけやればいいということなんですね？」

と、極端でかつ過激な反応を示したとします。

これが、**「ラジカル・フィードバック」**です。

こんな極端で過激な反応をしていれば、人間関係を悪くするに決まっています。

こういった「ラジカル・フィードバック」は、誰かの発言や態度に対するフィードバックが、**極端に単純化することで発生**します。

フィードバックが単純化される原因は、以下の2つです。

（1）非言語データの省略

（2）選択的認知

コミュニケーションに重要なのは**「非言語データ」**です。

相手と面と向かって話をするときは、「目つき」「表情の変化」「息遣い」といった非言語データが相手に伝わります。

「電話」の場合も、相手の「声色」だったり「ため息」などが耳に入ってきます。

一方、メールやチャット等、ネットを経由したコミュニケーションには、「非言語データ」がほとんど含まれません。

このように、コミュニケーションにおける重要なデータがネット上では削ぎ落とされているため、言葉に込められた感情やニュアンスが省略されてしまいます。

ですから、**メールやショートメッセージに頼ったコミュニケーションは控えましょう。**メールでしかコミュニケーションをとることができないお客様ならともかく、社内やチームメンバーには、できるだけ「面談」か「電話」を使ったコミュニケーションを優先すべきです。

また、**先入観や思い込みにより、認知する事柄を無意識のうちに選択してしまう**ことを**「選択的認知」**と呼びます。

つまり、何らかの「言語データ」と出合っても、そのデータを正しく認知することなく、自分の勝手なフィルターによって省略させたり、歪曲《わいきょく》化させることがあります。

「二元論」が極端な感情を生み出す

省略された非言語データ、選択的認知により、受け手がそのデータを正しく読解できない可能性があります。単純化されたデータは、感情をも単純化していきます。極端に単純化されると、感情の階層さえも省かれます。

要するに、「1」か「0」、「白」か「黒」で物事を判断するようになる、ということです。物事を2つの相対立するファクターに基づいてとらえることを**「二元論」**と呼びます。二元論で物事をとらえる人を「二元論者」と呼び、「あれは良い／あれは悪い」という両極端な感情で物事を判断するようになります。

「Aだけやればいいんですね？　Bはしなくていいってことなんですね？」

「どっちなんですか？　ハッキリしてください。言われたとおりにしますから」

物事を極端にとらえるせいで、発信者の意図をまるで理解できません。

私はインターネット上でたくさんのコラムを発表しています。当然、私の言説に違和感を覚える人は多数います。過激な論調で「このコンサルタントはどうかしてる」と書き込む人もいます。

以前、「この人は頭がおかしい。世の中がわかっていない」とコメントを書いた方と実際に会ったことがあります。興味深いことに、その方は実際に会うと、すごくおとなしい方で、私がどうしてあのようなコラムを書いたかを説明すると、

「私に強い先入観があるのはわかりました。あんなこと書いて申し訳ありません」

と、丁寧に謝罪されました。性格もありますが、強い思い込みでラジカル・フィードバックをしてしまう人は、どこのチームにも1人や2人はいるものです。

そういう方とのコミュニケーションは**「対面」が一番**です。会えないなら、せめて電話です。リアルで会話をしたほうが「非言語データ」が省略されないからです。

絶達ポイント

できるだけ対面し、表情の変化や息遣いなどの「非言語データ」を獲得する。

「徹底できない人」の処方箋

「徹底」の基準は、人によって違う

「部下への指示を徹底します」「お客様への配慮を徹底させます」

現場でよく耳にするのが「徹底する」という表現です。「徹底する」というのは、**「首尾一貫している。中途半端にせず、隅々まで行き届く」**などという意味です。

しかし、本人が「徹底する」と宣言していても、傍から見ていていると、ちっとも「徹底している」ようには見えないことがあります。

これは、**「徹底」の基準が人によって違う**ことが原因です。

とはいえ「徹底しているかどうか」を客観的に評価するのは難しいかもしれません。

たとえば、

「報告・連絡・相談を徹底します！」

「お客様への迅速な対応を徹底させます」

と宣言されても、どのようになったら徹底したことになるのか、そして、どのような状態だと徹底したことにならないのか、わかりづらいと言えるでしょう。

この場合、**行動指標やプロセスを明確にして管理するやり方**も考えられます。

たとえば、「『報告・連絡・相談』を徹底するために、1週間に2回は必ず報告する。顧客対応を徹底させるため、お客様からのメールはすべて上司と共有し、迅速《じんそく》な対応が必要である場合は上司に指示を出してもらう」などです。

ただ、「徹底」とは、心構え、気持ち、精神のこと。徹底しているかどうかまで客観的な指標で管理してしまうと、**「不測事態対応能力」**が育ちません。

細部にまで強く干渉・管理することを**「マイクロマネジメント」**と呼びます。本来なら「徹底しろ」と言うだけで済むことまで、数値的な管理をしてしまうと、その場その場で臨機応変に考え、判断する習慣が身につかなくなるものです。

「徹底している」ように見られる秘策

そこで、もっと簡単に「徹底している」かどうかを他人に理解されるようにするにはどうすればいいか、を考えてみます。

キーワードは、**「そこまでやるか?」**です。

「そこまでやるか?」と周囲の人に言われるぐらい突き詰めることによって、「徹底している」と評価されるので試してみてください。

たとえば「報告・連絡・相談を徹底しろ」と上司に言われたら、「そこまでやらなくてもいいよ」と言われるぐらいに実行すればいいのです。「挨拶を徹底しろ」と言われたら、「やりすぎだ」と言われるまで何度も挨拶し続けるのです。

それぐらいしないと、ちょうど良くならないからです。

そもそも、徹底できない人、つまり「もっと徹底しろ」と周囲の人に言われてばかりの人は、何かが足りなさすぎるのです。**行動の量**であったり、**スピード感**であったり、**発想の幅**であったり……。

徹底できない人は、「ちょうどいい加減」の基準が他の人よりも少し足りないのです。ブレーキをかけるタイミングが早すぎるとも言えます。「ここまでやったら、やりすぎだと怒られるかもしれない」というぐらいにすることで、ちょうど「徹底している」と周りから思われるようになるはずです。

「自分なりに徹底しているのに、何がおかしいんだ」と不満を覚える前に、周囲が感じる「徹底の基準」を推し量る努力をしてみてください。

絶達ポイント

「そこまでやるか?」と言われるぐらいやらないと、ちょうど良くならない。

ロジカルに「執着心」を考えてみる

良い執着心、悪い執着心

私は「やる気」や「意欲」などよりも、はるかに重視する事柄があります。

それは**「執着心」**。「執念」です。

仏教において「執着」は、事物に固執し、心をとらわれることを意味します。修行の障害となる心理現象として良い意味ととらえられることがありません。

しかし、ビジネスにおいてはいかがでしょうか？

「もっと執着心を持ちなさい」「なぜすぐにあきらめる？　執着心はあるのか？」と上司が部下に苦言を呈すシチュエーションは、どの組織にもあるものです。

「執着心」が、人工知能を超える人間ならではの強みである

それでは「執着心」とは、そもそもどういうことなのでしょうか？

執着心とは、「あきらめずに、ある物事に固執する。結果が出るまで粘り強く実践する」ということだと考えます。

しかし、この表現では客観的な評価ができません。

そこで、次のように考えてみました。

「結果が出るまで、組織や自分自身で定めた『計画』や『ルール』以上の行動をすること」

私は「プロセス至上主義」という言葉をよく使います。

結果を出すためには「プロセス」が重要だ、と言う人がいます。確かにそのとおりです。

しかし、プロセスだ、プロセスだと世間で言いすぎたせいか、「決められたプロセスさえしていればいい」と言う人もまた増えています。

結果が出ないのは、自分に問題があるのではなく「プロセス」に問題があるのだ。組織が決めた「計画」や「ルール」こそ問われるべきで、それに従って行動した自分に責任があるとは思えない……。

このように発言する人も、またいるのです。

しかし、「執着心」があれば、そのような申し開きは通用しないと言えます。**結果を出すための「計画」があり、「プロセス」がある。しかし、そのとおりに実践して確実に結果が出るということはあり得ません。**

もしそうならば、マネジメントの基本である「ＰＤＣＡサイクル」という言葉は必要なくなります。現場における**「改善活動」**を軽視することにもつながるからです。

人間はコンピューターではないし、ロボットでもありません。結果を出すためのシナリオがあり、そのシナリオを脳にプログラミングされ、そのとおりに動かされている機械ではないのです。

定められた計画どおりに実行しても結果が出ないのであれば、結果が出るまで創意工夫しようとする意思・マインドが必要です。

その意思が、外から見ていると「執着心」「執念」という言葉で表現されるのです。

絶達ポイント

「執着」とは「結果が出るまで『計画』や『ルール』以上の行動をすること」である。

「悪あがき」が必要なとき、必要でないとき

「悪あがき」が必要でないとき

「追い込み」の時期によく使うのが、「悪あがき」という言葉です。

「悪あがき」の意味は、今さらジタバタしても仕方がないことなのに、苛立ち焦ってムダなことをアレコレ試みることです。

しかし、期限が来る直前までアレコレやっても、意味があるときと、ないときがあります。

2つのパターンを考えてみます。

◎悪あがきすることでマイナスになる可能性が「ある」ケース
◎悪あがきすることでマイナスになる可能性が「ない」ケース

前者の、悪あがきすることでマイナスになる可能性が「ある」ケースとは、**「本番の直前」**です。大事な商談のプレゼンの直前などがこれにあたります。

アレコレ焦って何かをしようとすると、心に平穏が訪れません。心が落ち着いた状態で本番を迎えたほうが、自分のポテンシャルを存分に発揮できるはずです。

ですから、「本番の直前」には悪あがきをしないほうが得策と言えます。

最後の最後まであきらめない経験が、必ず次につながる

一方、悪あがきすることでマイナスになる可能性が「ない」ケースとは、行動することで加点されるしかないケースです。

前出した**「本番の直前」以外のこと**なら、あらゆるケースが思い浮かびます。

たとえば、学校の宿題をするにしても、最後まで「悪あがき」は必要です。「もう時間がないから」といってあきらめる必要など、どこにもありません。

仕事も同じで、「もう今日は時間がないから、明日にするか」とか「今さら焦ってもしょうがないし」などと言わず、最後の1分1秒までジタバタすればいいのです。イベントの集客やチケット売り、商品の販売も同じです。最後の最後まであきらめない経験が「次はもっと計画的にやろう」「前倒しで取りかかろう」という気持ちを醸成するはずです。

「悪あがき」を経験したい人などはいません。誰もが、期限内に余裕をもって、自分の想定どおりの状態へもっていきたいはずです。

しかし「悪あがき」すべきときにも、「今さらやってもしょうがない」と言ってすぐにあきらめてしまう人は、その経験が生かされず、計画性どころか、達成意欲さえ衰えていきます。

「悪あがき」をしている姿は、決してカッコいいものではありません。

しかし「今さらジタバタしてもしょうがない」こともないのに、**自己弁護しながらあきらめてしまう人のほうがカッコ悪い**と言えます。

「悪あがき」することでマイナスになる可能性がないと判断できるものは、最後まであきらめない気持ちを維持したほうが、その経験が次に生かされます。

絶達ポイント

行動することで加点されるしかないケースでは、最後まで「悪あがき」をすべき。

「プロ意識」は、どうしたら持てるのか？

プロ意識を持っている人のたった1つの共通点

「あの人はプロフェッショナルだ」「彼女はプロの仕事をする」「彼はプロ意識が高いね」……などという表現があります。

専門性の高い仕事を、一定の水準以上の質でやり続けている人。高いクオリティの仕事をすることはもちろんのこと、自分を律し、体調を整えたり、自己研鑽を続けるなど、あたりまえのことをあたりまえにやり続ける人などを指すでしょう。

「プロフェッショナル」「プロ意識」を持つためにはどうすればいいかとよく問われることがあります。

その答えは1つしかありません。それは、**ハードワーク**です。

南の島でのんびりと1日2～3時間、2カ月ぐらい勉強していたら、いつの間にか仕事のプロフェッショナルになっていた。誰にも負けないプロ意識を持つようになり、自分の感情をコントロールして、細部にも気を配ることができるような、極めて質の高い仕事をバンバンこなせるようになった……。

そんなことは、まずあり得ません。

自分に厳しく、長年ハードワークを繰り返していたら、ストレス耐性、心の免疫力がアップし、誰もやりたがらない仕事も難なくこなしたり、あえて汚れ役を買って出たりして、周囲からの尊敬の念を集めたりすることができるのです。

ただし、「ハードワーク」の中身が重要

ただ勘違いしてはならないのは、ハードワークといっても、決して長時間労働のことではありません。

長時間労働を繰り返している人が「プロフェッショナル」ではありませんし、「プロ意識」が高いかというと、決してそうではありません。

結果的に長い時間働くケースもあるでしょうが、ハードワークというのは、**自分が苦手なこと、好きでもないことを一定の時間やり続けること**を言います。

できればやりたくないことだけれど、仕事の成果を出すためにはあえてやらなくてはならない。

本当は怠けたいけれど、いい仕事をするためには日々の研鑽《けんざん》を怠ってはならないという価値観を持つ。

こう信じて、実践する内容がハードワークなのです。

つまり、**やりたいことだけをやっている人が「プロフェッショナル」になることはありません。**

好きな仕事しかやりたくないと思っている人が「プロ意識」を持つようになることなどないのです。

結果的に、やりたいことだけをやっている状態の人はいますが、そのプロセスにおいては、苦難な道をあえて通ってきたに違いないのです。

仕事の「プロ」になりたいのであれば、必要なのは「ハードワーク」です。

絶達ポイント

成果を出すためにやるべきことを一定期間やり続けた人間を「プロ」と呼ぶ。

大ざっぱな「達成主義者」であれ

3つの主義者

昨今、日本では100万人以上の方が「気分障害」を患っているという統計があります。「うつ病」や「気分変調症」といった心の病気のことです。

そのような中で、心が苦しくならずに目標を達成するにはどうすればいいのでしょうか？

それは、**「達成主義者」**になることです。

私が定義する「達成主義者」を正しく理解してもらうために、比較対象を2つ挙げます。

「記録主義者」と「完璧主義者」です。

◎「完璧主義者」……自分が掲げるあるべき姿を完璧に実現しようとする思想
◎「記録主義者」……過去や他人と比較し、記録を塗り替えようとする思想
◎「達成主義者」……最低でも目標は達成すればいいという思想

ストイックな「記録主義者」の問題点

まず「達成主義」と「記録主義」とを比較して解説します。

「記録主義者」は、まさにトップアスリートのごとく、常に記録更新を狙っています。

比較対象は「過去の成績」もしくは「他者の成績」です。

「5年連続で売上ナンバー1を達成した！」

「10年連続で売上、利益ともに伸ばしてきた」という表現は、とても刺激的です。「話題性」があります。「アピール度」が全然違うので、自己顕示欲が満たされるのです。

しかし、問題もあります。それは、**比較対象者の成績を落としたくなるという欲求がつきまとう**からです。

社内でナンバー1になりたい人は、2位以下の人を応援したいという気持ちになりにくいでしょう。また、過去と比較したい人は、大幅に達成してしまう年があると翌年が大変になるため、無意識のうちに力をセーブしてしまうことにつながります。

「常に記録を狙いたい」と思っている「記録主義者」の人は、自分が打ち立てた記録に酔うことで自己顕示欲を満たしてはくれますが、**精神的に疲れやすい**と言えます。

それに一度でも記録を逃すと、それが挫折《ざせつ》だと勘違いし、そのままズルズルと落ちこぼれていくこともあります。

その点、「達成主義者」は、**「目標をクリアすればいい」**と考えます。

前年実績と比較することも、他者と比べることもありません。限界にチャレンジするつもりもない、「とりあえず目標を超えればいい」と考えるので、「記録主義者」と比較すると気持ちは楽です。

緻密な「完璧主義者」は、なぜ疲れるのか？

一方、「完璧主義者」は、目標を「天井」だと考えます。その天井にぴったりつくような感覚で**目指す**ことになるので苦しみます。どうすれば、あの「天井」に届くのかと考えます。

私どもが掲げる目標の「絶対達成」は、この「完璧主義」と混同されることが多いと言えます。

100点満点のテストがあったとき、100点を目指すのが「完璧主義」です。以前の点数や、他人の点数よりも高い点数を目指すのが「記録主義」。

そして、私どもが考える「達成主義」は、**自分が掲げた目標の点数（たとえば80点）は、最低でも超えようという発想です。他人とも過去の点数とも比較はしません。**

「達成主義者」にとっての目標は、単なる「合格点」もしくは「通過点」に過ぎません。

目指すものではなく、通過するものです。目標に到達することはあたりまえであって、当然です。

このように、「完璧主義者」と「達成主義者」とを比べると、目標ラインに対する受け止め方が根本的に違うのです。

要するに「達成主義者」は目標から逆算せず、**目標を超えるその先から逆算して動くので、初動スピードも、初動エネルギーも、「完璧主義者」よりも大きくなります。**

しかも大ざっぱに、「この時期から、これぐらいの行動をすれば、少なくとも目標未達成にはならないだろう」といった感じで行動を起こします。

「完璧主義者」が「50の行動をすればいいだろうか、それとも60の行動をすればいいだろうか」と悩んでいる間に**「200の行動をすれば、いくらなんでも達成するはず」という大胆な発想をします。**

これは、「約束の時間に遅刻しなければいい」という発想と似ています。朝10時の約束なのに、9時半ぐらいに到着して「早く着いてしまったが、まあいいか。遅刻したわけではないんだから」と思うタイプです。約束どおり朝10時ちょうどに到着したい「完璧主義者」が、10分も15分も前に到着すると損をした感覚になるのとは対照的です。

このように「完璧主義」と「達成主義」は似て非なるものです。

結果的に「達成主義者」が効率的

「達成主義者」は計画性なく動くので、「非効率的」と思われがちです。

しかし実際には、いちいち立ち止まって考え込んだり、綿密な計画を立てようとするがゆえに悩む時間の多い「完璧主義者」の達成プロセスのほうこそ、効率が悪くなります。

また、**高度情報化時代になり、「完璧主義者」はさらに悩みを深める**ことになっています。完璧にやるためにはどうすればいいいか、ネットを通じていろいろな人の意見を聞きたいし、多種多様な手法を試したいと考え、いつも気持ちが揺れているからです。

その点、「達成主義者」は情報過多な時代でも、あまり関係がありません。多少、遠回りでも「別にいいや」と気にしないからです。

そのせいで、「達成主義者」はいろいろなことを成し遂げている割には、趣味も多彩で、余暇を楽しんだりします。結果的に、時間にも、精神的にも、余裕が出てくるからです。

私は、大胆不敵な「達成主義者」になることをお勧めします。

絶達ポイント

大ざっぱな「達成主義者」こそが、心を苦しめずに目標をクリアできる。

「目標は達成できない」と言う人の本心

単なる「条件反射」

「目標を達成しろと言われても、無理です」
「達成できないときだってあります」
「目標が高いから達成するのが難しい」
「だいたい世の中に『絶対』なんてあり得ない」

このように言う人たちが、業種・業界を問わず、どこの組織にもいます。そして、

「目標達成なんて無理」「絶対達成なんてあり得ない」と口にする人のほとんどは、まるで**「条件反射」のような反応を示している**のです。

つまり、単なる「拒否反応」。何も考えることなく、**体が反応しているだけ**です。

たとえそのような相手に対しても、信頼関係を構築し、たまに飲みにでも行ける間柄になれば、本音で話し合えるようになるものです。

そうなってから、「本当に、君は、心の底から、『目標が達成しない』と思っているのか？」と聞いてみると、相手の答えが変わってくるからまた不思議です。

目標達成なんて「無理です」「難しいです」と答える人のほとんどは、深く考えずに発言しています。

周囲の人もそう言っているから条件反射で同じような主張をするだけです。

どうやって目標を達成したらいいかはわからないが、絶対に無理だとも思っていないし、おそらくいい方法はあるのだろうけれども、そこまで探求していないといえば、いないかな……という程度です。

したがって、

「『絶対達成』するかどうかはわからないが、『絶対未達成』かというと、それもわからない」

というのが本音なのです。

現在、東京にいて、「今から1時間以内にニューヨークまで行ってくれ」と言われたら「絶対未達成」になるでしょう。考える必要もありません。

「本当に、あなたは、行けないと思ってるのですか？」と私からじっくり質問されても、葛藤さえしないでしょう。「無理に決まってる。バカにしているのか」と答えるはずです。

目標未達成状態が継続する最大の原因

私もコンサルティングに入っていて、「これでは、この組織の年間目標は達成しないな」と実感するときはあります。

その判断材料は2つだけです。

①市場ポテンシャルがない
②時間が足りない

「市場ポテンシャル」というのは、1年ほど市場調査をすれば判明します。インタビュー形式のマーケティングリサーチではわかりません。個人の感覚で判断するのではなく、実際にくまなく市場に足を運んでからでないと、客観的データを集めることはできないのです。

「時間が足りない」というのは、商談の平均リードタイムなどを考慮すると、「この期間でこの目標を達成するのは物理的に不可能だろう」と判断すること。

だからといってあきらめるのではなく、将来のための顧客資産を形成する活動をすべきです。

いずれにしても「市場ポテンシャル」があるにもかかわらず、長い期間、目標未達成状態が継続する原因は**心理的なもの**です。

現場の人が「無理だ」「難しい」と考えているからに他ありません。

そこで、周りの人間が同じく「そうだな……、確かに難しいよな」「達成できないときもあるよな」などと同調してしまっては、相手の思考パターンを変えることなどできません。

ですから、動じることなく「絶対達成」と言い続けるべきなのです。

心の底から「絶対に達成できない」とも思っていないのですから。

絶達ポイント

条件反射で「無理です」と主張する相手にこそ、「絶対達成」と言い続ける。

「本気」と「遊び」の違いを見分ける3つのポイント

本気度を見極める3つのコスト

「なかなか思うとおりに行動をしてくれない」「成果を出してくれない」というのであれば、相手が「本気」で取り組んでいるのか誰でも知りたくなるものです。

とはいえ、「もっと本気になって」と訴えても、「自分なりに本気だ」「私だって本気でやってます」などと反論されてしまうと、返す言葉がありません。

「本気度」は、客観的な評価をしづらいバロメーターだからです。

ですが、私は**「自己投資にかけたコストの量」**によって「本気度」を測定することができると考えています。

何かを本気で取り組もうとしたとき、自分の中にあるリソース（資源）だけでは物足りない場合が多々あります。それを補うために自己投資をします。自分を磨かないと目的が達成されない。だからこそ本気になって自分を成長させようとするものです。その投資にかけたコストの量が、本気度を推し量るバロメーターになるということです。

3つの「コスト量」がバロメーターとなる

そのコストには3種類あります。**「精神（労力）」「お金」「時間」**です。

①精神的コスト

お金や時間をかけなくとも、これまでやってきていないことにチャレンジして自分を磨くことはあります。しかし、多くの場合は、今まで慣れ親しんできた習慣を変えなくてはならないので「労力」がかかるでしょう。めんどくさいことをするわけですから「手間」がかかるのです。これが「ストレス（精神的コスト）」です。

しかし、本気であれば、こういったコストも気にならないはずです。反対に、本気でない人は、少しでも面倒なことがあれば、いろいろな「言い訳」を口にして実践しないままにしておくでしょう。

「精神的コスト」は一番厄介で、しかし最も貴重なコストとも言えます。

過去と違うことに対して果敢にチャレンジしている姿を見れば、誰もが「本気だ」と思うに違いありません。

②経済的コスト

お金は、とてもわかりやすいバロメーターです。自分の出で立ちに対する投資、勉強するために必要な投資などは、本気であればあるほど、かけてしまうものです。

「お金をかけた分だけリターンが見込めるかどうかわからない」などと言って、「投資対効果」のことばかりを口にする人は、「本気度」が低いと言えます。

「人が大事だ」と言いながら、人材採用や教育にお金をかけない経営者がいるとしたら、その本気度は疑われます。

③時間的コスト

何かに本気であれば、それを考える時間が必然的に増えるものです。それほど苦痛を感じることなく、無意識のうちに考え、「どうしたらうまくいくのだろう」といろいろな推論を立てては打ち消す、この繰り返しをしてしまうものです。

継続的に意識し、行動する人。その人が本気でないはずがありません。

「1週間でやめた」と言う人より、どんなことであろうと「5年続けている」と言う人のほうが本気度は高いと言えるでしょう。

「コストをかければいい」ということではない？

この3つのコストをかけていたとしても、本気で打ち込んでいるとは呼べないケースもあります。

次の2つのポイントを頭に入れておきましょう。

◎自分の成長につながることか？
◎周囲の人が応援してくれることか？

たとえば、スキルアップできる資格取得のために週末に朝から晩まで勉強している人がいたら、周りの人は「何とか応援したい」という気持ちになるでしょう。

一方、ムダな会議のために全国の営業所を回り、長時間会議に明け暮れている人も「精神的コスト」「経済的コスト」「時間的コスト」を支払っているでしょう。

しかし、こういう人を「本気で出張会議に打ち込んでいるな」と評価する上司がいるでしょうか。

見ていて応援したくなる人とは、
目先の小さな報酬よりも将来の大きな報酬を優先し、何かの目標達成に向かって本

気で取り組んでいる人です。

本気で打ち込んでいることが自分への投資につながるからこそ、周囲はその姿勢を讃え、支援したい気持ちを持つのだと思います。

まとめると、仕事の「本気度」を計測するには、そこにかけた「労力」と「お金」と「時間」のコストの量がどれぐらいあるか、が1つの尺度になります。

そして、その「本気」が、自分の成長を高め、周囲からの支援を受けられるものであればあるほど、成功する確率が高くなるのです。

絶達ポイント

自分を磨くための投資をした形跡が見られないなら、それは「本気」ではない。

仕事の意味など、考えない

仕事の意味がわかれば、誰でもやれるのか？

ある人事コンサルタントと講演で一緒になったとき、「部下に仕事を命じるときには、その仕事の意味を理解させなさい」と言っていました。

これは、「有意味性」の話です。会社のビジョンと理念を共有し、「あなたの仕事は会社がそこに向かっていくために必要だ」と共感してもらうことで、従業員は意欲的に仕事に取り組んでくれるだろうという理論です。

このように指導する人事コンサルタントは、実際少なくありません。

けれども私は、この考え方には賛成できません。

なぜなら、仕事に意味があることに納得するかしないかに関係なく、今までの行動習慣を基にした**「現状維持バイアス」**（130ページ参照）が外れない限り、人は動かないからです。

「仕事の意味を理解すれば人は動く」というのであれば、「わかっちゃいるけど、なかなかできない」という心の状態はどう説明するのでしょうか？　そういう人は世の中にほとんどいないとでも言いたいのでしょうか？　とんでもない。現場に入ってコンサルティングしていればわかります。そんな人ばかりです。

仕事に打ち込むからこそ、その仕事の意味を理解することができる

さらに、自分が何かをするたびに「この作業には、どんな意味があるのか？」と考

えると、「思考ノイズ」が大量に入ってきます。

「なんでこんな仕事をしなくてはいけないのか？」

「こんな仕事をしても結果は出ないから、意味がない！」

と、行動できない理由や、行動しない意味も考えてしまうものです。

心の中では、やらなくてはいけないことがわかっていても、「自分がどんなに頑張ったってどうせ結果は出ない」とか、「結果が出なくても自分の責任ではない」と言い訳して、行動に移さなくなります。仕事の意味など考えていると、疲れます。完璧主義者の発想だからです。もっと大ざっぱでいいではありませんか。

ここも**「逆算思考」**でいきましょう。


「仕事の意味を理解するから、仕事に打ち込める」

←

「仕事に打ち込むからこそ、その仕事の意味を理解することができる」

こう考えるのです。

ごちゃごちゃ考えないほうがラク。「時間は、未来から流れてくる」のです。

その**仕事の意味、仕事をする理由は、やりきって初めて理解できる**ものなのです。

意味など考えずに、ひたすら行動し、目標達成する。そのゴールに至った人だけが「あ、そうだったのか」と気づけるものなのです。

行動する前に想像した「仕事の意味」と、体験的に獲得した「仕事の意味」。両者の質量がどれほど違うのか——。

それは、目標達成したことのある人だけが知っていることです。

絶達ポイント

「意味」は、後からわかるもの。行動する前からいろいろ考えてもムダなだけ。

「現状維持バイアス」を外す

「現状維持バイアス」が強い人の特徴

「変えたくないものは変えたくない」「とにかく現状のままがいい」という心理を「現状維持バイアス」と呼びます。**現状を現状のまま維持しようとする無意識下における心理欲求**です。

理屈ではなく、今までのやり方は変えたくないというバイアスです。まったく経験のない新入社員でもない限り、誰にでもこのバイアスがかかっています。

「現状維持バイアス」の強い人は、過去にやったことがない目標を言い渡されると、最初から「無理だ」と思い込んでしまいます。

どうすれば達成するかを考えることはありません。考えないから工夫もしませんし、誰にも相談しません。協力を仰ぐことなく、自分なりのやり方でやって、うまくいかなければ、「最初から無理だと思っていました」と言い訳をして終わるのです。

つまり、達成が「あたりまえ化」している人と、そうでない人とでは、思考そのものがまったく違うのです。

周囲が「あたりまえだ」という態度なら、自然と「あたりまえ」になる

では、「現状維持バイアス」の強い人間を生む原因は何でしょうか？

多くの場合、「環境」にあります。

目標を達成してもしなくても許されるような組織に身を置いていると、もしくはそ

ういう人間が近くにいると、人はその組織風土や環境に強く影響を受けます。

一方で、**周囲が「達成するのがあたりまえだ」という態度で行動していたら、自分自身もそのような思考を身につけることができる**のです。

インパクトのある体験をすることで、習慣は一気に変わります。「現状維持バイアス」が外れるいい機会となります。

たとえば、あなたが他社から転職してきた初日に、社長から、

「わが社では『目標達成』があたりまえだ。君にも当然守ってもらうけど、いいね？」

と言われたらどうでしょうか？

「目標達成があたりまえと言われても、できないときもあると思います」

と反論するでしょうか？

「わかりました。目標達成できるよう頑張ります」

と、条件反射的に答えるのが普通です。

会社の新たな方針に従いたくないと思ったとき、自分に現状維持バイアスがかかっているなと感じたときは、

「他社に行ったとき、すでにその習慣が組織として定着しているにもかかわらず、自分は異を唱えるだろうか」

と問いかけてみましょう。

すると、「これまでにやったことのないことを受け入れたくない」と思っているのか、「本当にその手法を疑っているのか」を、自分自身で見極めることができます。

「現状維持バイアス」という言葉をチーム内に流行らせる

また、「現状維持バイアス」の強いメンバーがチームを編成している場合、1人だけの頑張りでは、すぐに心が折れてしまいます。

したがって、この**「現状維持バイアス」という言葉をチーム内で流行らせる**ことをお勧めします。

私がコンサルティングに入ったある企業の方は、「現状維持バイアス」というフレーズをおもしろおかしく多用して、チーム内に流行させました。

たとえば「今期最初の朝礼では、部長に挨拶してほしい」と誰かが言えば、「それは『現状維持バイアス』だろう。入社5年目の若手が挨拶してもいい」と応じる。

あるいは、「忘年会は鍋にしようか」と誰かが言えば、「いやいや、それは『現状維持バイアス』だろう。冬だから鍋、とは限らない」といったふうに、おもしろおかしく日常会話で使うのです。

これは、**小さなインパクト、すなわち「回数」を重ねることで、チームのメンバーの「現状維持バイアス」を外していった**好例と言えます。ぜひ参考にしてみてください。

絶達ポイント

「現状バイアス」にかかるか、かからないか、すべては「環境」次第。

第2章

絶対達成スキル

コミュニケーションで主導権を握る

その人の歴史が、オーラをつくる

「絶対達成」し続けるには、自分の思うとおりに物事を進めるコミュニケーションスキルを身につける必要があります。上司、部下、お客様などとのコミュニケーションで、主導権を握る必要があります。

それを踏まえて知っておきたいのは、**「権威の原理」**です。

権威とは「ある分野において知識や技術が抜きん出て優れていると一般的に認めら

れていること」です。

たとえば、業界内でとても有名だったり、組織の中で圧倒的な結果を出している人がいるとしましょう。その人のことをそれほど知らなくても、誰もがその存在を認めているようだと、その人からリーディング（説得・誘導）されやすくなります。

たとえば、入社5年目の営業が呼び止められ、

「今夜8時から大事な打ち合わせがあるので、君も出席してもらえないか」

と頼まれると、ほぼ無条件で「はい」と答えてしまいます。「どうして私が出席しなくちゃいけないんだ」「8時なんて遅いじゃないか」などという思考ノイズは出てきません。

組織の中で圧倒的な結果を出している人には、**相手に有無を言わせぬオーラ**があります。

オーラの正体とは、その人の歴史です。過去から現在に至るまでに築いてきた歴史、偉業、結果――すべてを含んだものです。人は、それに動かされるのです。

「行動」「結果」は、口上手を超える

100人いる営業の中で、5年連続でナンバー1。肩書きはまだ主任だが、重要な得意先の社長ともサシで話ができるほどの実績があるトップセールスがいるとしましょう。

その人に、

「おい君、とりあえずこの資料を作ってくれないかな」

とか、

「君、時間があったら、とりあえず10時からの会議に出てくれよ」

といった「とりあえず依頼」をする上司はいません。

「他の営業ならともかく、アイツには言えない」という心理が働くものです。

要するに、結果を出していくことで、

◎相手をリーディングしやすくなる

◎相手からリーディングされにくくなる

のです。

誰をも動かしやすく、そして、誰からも動かされない存在になります。

「行動をやりきり、結果を出す」ことと「相手とコミュニケーションをとる」ことを、無関係なこと、次元の違うことと考えていた人もいるかもしれません。

しかし、口を使って「喋る」ことだけがコミュニケーションではありません。「行動」「結果」の積み重ねこそが、効果・効率的なコミュニケーションの大前提となるのです。

結果がついてくることで周囲をリーディングできるようになり、さらにリーディングもされなくなります。ますます絶対達成のスパイラルは加速していきます。

絶達ポイント

結果を安定的に出すことで、コミュニケーション能力は自然と身につく。

ペーシング→ラポール→リーディング

親密な信頼関係を築く3段階

目標を達成するには、コミュニケーションで主導権を握ることが重要（前項参照）ですが、それにはまず、上司、同僚、部下など相手との**「ラポール」**（信頼関係）が不可欠です。

ラポールとは、心理学用語で、親密な信頼関係にあることを指します。コーチングやNLP（ニューロ・リングイス・プログラミング、神経言語プログラミング）でも最重要キーワードとして紹介される概念です。

セラピストやコーチと、クライアントとの正しい関係を指し、相互に信頼し合い、「安心・安全の欲求」が満たされている状態を、「ラポールが構築されている」と言います。これが構築されているか否かで、コミュニケーションの質は大きく異なります。


では、ラポールを構築するには、どうすればいいのでしょうか。

それにはまず、**相手とペースを合わせること（ペーシング）**が重要です。相手とペースを合わせてコミュニケーションをとったり行動し続けると、正しくラポールが築かれます。

要するに、

【①ペーシング】↓**【②ラポール】**↓**【③リーディング】**

の順で行なう必要があります。

相手の協力を仰ぐために、正しいステップを踏む

ここで、改めてそれぞれの言葉について説明しておきましょう。

①ペーシング

・相手とペースを合わせた言動をする
・相手から信頼されるような言動をする（※信頼を失う言動をしない）

②ラポール

・一緒にいて、緊張せずにリラックスできる状態
・お互いが心を探り合う必要がない状態
・お互いが相手を尊重している状態

③リーディング

・相手をリードすることができる
・相手を動かすことができる
・相手に言い分を聞いてもらえる
・相手に協力・支援をしてもらえる

このように、自分の思うとおりに何かを進めたい（リーディング）レベルに至るためには、まず相手との関係を構築する必要があるのです。営業がお客様をリーディングするときも同じです。この手順を間違えて、いきなり売り込みなどしてはいけないのです。

絶達ポイント

3つの正しいステップを踏んだ人間関係の構築が、「絶対達成」につながる。

「ラポール」構築の3つのポイント

ラポールが構築されている状態とは?

「コミュニケーションスキル」とは、「話す力」「聞く力」「質問する力」などのことだと思い込んでいる人が多いようですが、それは違います。

もっと重要なのは、言葉として表現しない**「非言語コミュニケーション」**です。

「非言語コミュニケーション」の中でも、何より大切なのが「ラポール」です。前項でも述べましたが、ここではより深くラポールについて掘り下げたいと思います。

一緒にいて心を乱されない状態、落ち着き、相互にリスペクトできている状態を「ラポールが構築されている」と言います。

相手を尊敬していても、その人の前だとついつい緊張してしまう、というのであれば、ラポールが正しく構築されているとは言えません。

一方、リラックスしすぎて、相手に無理難題を押し付けたり、相手の存在を承認できないような態度をとるのであれば、これもラポールが構築されているとは言えないでしょう。

上司と部下との関係も、営業とお客様との関係も同じです。

「ラポール」構築の3つのポイント

それでは、どうすればラポールを構築できるのでしょうか。

1つ目のポイントは、やはり前項で記した「ペーシング」です。相手とペースを合わせる努力をすることです。

上司であれば、部下と話をする時間を作る。日頃から声をかける。こういった行動の積み重ねが大切です。部下に何を話すのか、話し方はどうしたらいいかと悩む前に、行動をし続けることです。

反対に、部下であれば、言われたことをキッチリやる。与えられた結果を出す。この積み重ねで上司に信頼されていきます。

相手とペースを合わせることが「ペーシング」の基本だからです。

ラポールは、1回や2回の声掛けや接触でつくられるものではありません。**行動の歴史によって熟成されていく**ものです。したがって、関係を構築するには、それなりの時間がかかると覚えておいてください。

2つ目のポイントは、**ラポールの確認方法**です。

相手と関係が構築されているかどうかを、客観的に確認する方法を紹介します。

どれぐらいの間、相手を「待てるか」という時間で計測します。

人を信用していると、相手の行動に物足りなさを感じたとしても、いずれ期待どおりの行動をするに違いないと思い、「待つ」ことができます。

しかし、その人を信用していないと、すぐに指摘したくなります。

もしあなたの周りに、あなたを急かしてくる人、必要以上に「早く早く」と言ってくる人がいたら、その人から信頼をされていないと受け止めてもいいかもしれません。

また、他の人は待てるのに、あなたに対しては待てないという態度を示す人がいたら要注意です。自分の行動を見直してもいいでしょう。信頼を失っている可能性があります。

「ラポール」が構築されてからの人間関係

相手とラポールが構築されると、肩に力を入れることなくコミュニケーションがとれるようになります。

話し方や話す内容は関係がありません。お互い、警戒心を持っていないので、打ち解けて話をすることができます。それぞれの存在を尊重しています。相手を小バカにしたような言い方はしないでしょうし、軽んじた扱いを受けることもないでしょう。

それを踏まえた上で、**3つ目のポイント**です。それは、**「すべての人とラポールが構築されるわけではない」**ということです。相手が望む行動を、といっても、どうしても受け入れられない内容であれば、拒む必要があります。拒んだことで、関係が崩れるのであれば、それはそれで仕方がありません。

営業も同じことです。**すべてのお客様と関係が構築できるという発想は捨てるべき**です。ただ、多くの人は、相手が期待する行動の基準を正確に知ろうとしていません。また、知ったとしてもそれを実践し続けていないのです。人と良好な人間関係を構築するために、まずは自分の行動を見直してみてはどうかと思います。

絶達ポイント

「非言語コミュニケーション」の中で最も重要な「ラポール」が成功のカギ。

面倒なことを先送りすると、もっと面倒なことになる

人が動かない理由

現場に入って行動改革を促し、組織の目標を達成させてきたコンサルティング経験からわかることがあります。

人が動かない理由——それは、ほとんどの場合「めんどくさい」からです。

面倒だからスタートできないし、続けられないし、やりきることができないのです。

リーダーは、その「真実」を把握しておく必要があります。

そうしないと、

「モチベーションをアップさせるための内的動機付けがないからだろうか」

「自己実現の欲求を満たすような何かを見つけられないからだろうか」

「当社の人事制度に問題があるからだろうか」

などと、難しく考え込んでしまいます。


単純に「面倒」だからやらないのですから、このように複雑で込み入った理屈を持ち出しても問題は解決しません。

めんどくさがり屋を動かすための乱暴な方法

「めんどくさがり屋」の人が動かない理由、それは「やると面倒」だからです。けれども、行動原理が「面倒」であるわけですから、別の「面倒」なファクターが加われば、めんどくさがり屋の人の行動は変わってきます。

つまり、**「やらないと面倒」なことになるといい、**ということです。

「やると面倒 ＜ やらないと面倒」

という不等式を頭にイメージできるようにします。

動くのが面倒だと思っている人は、評価や待遇といったものでは、行動を変えられません。自分が動いていないからです。

つまり、「こちらの要望どおりに動かないと、別の動きをしてもらうことになる」と伝えると、効き目があります。

「研修を受けた後の報告書を金曜日までに出してください。最近、提出期限を守らない人がいて、社長がかなり怒っています。ですから今回、もし提出期限を過ぎるようなことがあったら、報告書を社長室へじきじきに持っていってください。これは、社長からの指示です」

このように伝えておけば、

「研修報告書を作る面倒くささ ＜ 社長室へ報告書を持っていく面倒くささ」

となり、「やらないと面倒だな」ということになります。そして、動き出せば自分自身で理解するのです。「やっぱり動かないよりは、動いたほうがいい」と。

コミュニケーションの姿勢や内容では、なかなか行動を変えません。叱責や恫喝《どうかつ》も、効き目があるのは最初だけです。評価を落としても、相手が「面倒だ」と思わなければ、結局のところ効果はありません。

行動しなかったときの懲罰を**「より面倒な行動」**にしておけば「めんどくさいのはイヤだから、やる」となります。

絶達ポイント

「やらないと面倒だな」と思う仕組みをつくれば、めんどくさがり屋も動く。

「タイムマネジメント」より「プロジェクトマネジメント」で時短を実現

タイムマネジメントの限界

労働時間を短縮する上で、世の中にはいろいろなテクニックが存在します。そのほとんどが「小手先のテクニック」です。

「タイムマネジメント」の技術は、とても重要です。工場で働いているわけではないホワイトカラーにとっては、この自己マネジメント術を知っているかどうかで、仕事の生産性は変わってくることでしょう。

ただ、たとえるならば「タイムマネジメント」は、「どうすれば、短い時間で料理をするのか?」という発想から来たノウハウです。

毎日21時、22時まで働いている人が、18時、19時ぐらいまでに仕事を終えられるテクニックかというと、そうではありません。

1時間の仕事が45分で終えられるようになったり、30分かかる作業が15分で処理できるようになる程度の話です。

「いや、これを組み合わせることによって、10時間かかることが、7時間で終わるのではないか?」と考える人もいるかもしれませんが、それは「机上の空論」です。

私は企業の現場に入ってコンサルティングをする身です。そのような小手先のテクニックだけで、ドラスティックに労働時間短縮が見込めるわけではありません。

上司から依頼された作業を、タスクに分解して処理するだけの人であれば、これらの「タイムマネジメント」で時短は可能でしょう。

しかし、しょせん**「使われる人」**の時間管理術です。

「使われる人」ではなく、**「使う人」**の労働時間を短くしない限り、ホワイトカラー全体の生産性をアップさせることなどできません。

仕事の「やり方」ではなく、仕事の「あり方」が問われる時代

「使う人」が意識すべきことは「タイム」ではなく「プロジェクト」です。**「プロジェクトマネジメント」**のスキルがないと、本当の意味での時短は実現しません。

たとえば、2カ月に1回イベントを開催している組織があったとします。

しかし、そのイベントの集客が悪い。これまでは、営業の電話フォロー、ダイレクトメールの発送、ホームページでの告知などで集客してきたが、最近はレスポンスが悪くなってきた。

そこでフェイスブックページを立ち上げて、集客のテコ入れをしようと考えました。

この「フェイスブックページで集客する」が、1つのプロジェクトとします。

ところが、実際にプロジェクトを立ち上げ、フェイスブックページを作って記事を

アップし続けたものの、イベント集客にそれほどの効力を発揮できないのであれば、**「フェイスブックページで集客する」というプロジェクト自体必要ありません。**

こういった**プロジェクト単位の必要性を見極めるスキル**がなければ、どんなに小手先のテクニックでタイムマネジメントしても、労働時間は短縮できません。

先述したとおり「タイムマネジメント」の技術で時間を短くできるのは、細かく分解されたタスクであって、それらをいくら短くしても、プロジェクト全体が正しくマネジメントできていないのであれば、意味がありません。これで職場のワークライフバランスが実現することはないのです。

現場に入ってコンサルティングをしていると、このように、

「何のためにそのプロジェクトを行なっているのか?」

「何のためにそんな情報システムを導入しているのか?」

「何のためにその議論をしているのか?」

など、よくわからないケースを多々目にします。

そんな状況で「時短」を声高に叫んでいても、いっこうに労働時間は短くなりませ

ん。

仕事の「やり方」ではなく、仕事の「あり方」が問われる時代だと私は考えています。特に「使う人」であるホワイトカラーの人たちは意識すべきです。

絶達ポイント

時短のために、「使う人」が意識すべきことは、「タイム」ではなく「プロジェクト」。

営業スピードの「重要度計算」

営業の意識の強さは、行動スピードに現れる

何事も「スピード」が重要と言います。特に**「人」**を対象にした何らかの行動をするなら、スピード感は極めて重要なファクターと言えるでしょう。
営業スピードの重要度は、以下の計算式で考えてみてください。

【営業の対応遅延期間 ÷ お客様の意識の強さ ＝ お客様のレスポンス遅延期間】

営業の対応スピードが1日遅れるとします。すると「対応遅延期間」は【1】です。お客様の「意識の強さ」が【1】だと、お客様の反応は【1日】遅れます。営業の対応が2日遅れると、お客様の「意識の強さ」が【1】なら、お客様の反応は【2日】遅れます。3日遅れると、【3日】遅れます。3日遅れて対応してもお客様はすぐに返答してくれると考える営業がいますが、遅れれば遅れるほど、お客様からのレスポンスは比例して遅れる、と考えるのです。

一方で、お客様の「意識の強さ」が【2】だとレスポンスは速くなります。営業の対応スピードが1日遅れても、お客様の反応は【0・5日】遅れるだけです。

おそらく「すぐ」レスポンスがあることでしょう。

たとえ遅延期間が【5】であっても、お客様の意識の強さが【5】であれば、すぐにレスポンスが戻ってきます。お客様が何としても買いたい、購入したいという強い意識があるなら、営業の対応が遅れても、意外と早く返事をいただけるものです。

ただ、お客様の意識の強さを正しく推し量ることができるかというと、これは反応スピードを見なければわかりません。

ということは、リスクを軽減するためには、**営業の対応スピードを落とすわけにはいきません。**

そもそも、相手の意識の強弱によって、対応スピードを変えることに意味があるのでしょうか？

何事もスピーディーな行動習慣を手に入れれば、解決する話です。

ここまで読んでおわかりのように、**「意識の強さ」はスピードに現れてきます。**

「お客様の意識の強さは、『反応スピード』でわかる」

ということは、

「営業の意識の強さは、『対応スピード』でわかる」

とも言えるわけです。

つまり、スピード感の足りない営業に、お客様は気持ちを揺さぶられないのです。

商談当日に提案書を渡し、その日のうちに挨拶のためのフォロー電話をかける——。

こういうスピード感を持ってやるかやらないかで、相手の反応スピードはまったく変わってきます。

人は、1日経つと74%のことを忘れている

「ヘルマン・エビングハウスの忘却曲線」で言われるように、人間は20分経つと【42%】、1時間経過すると【56%】忘れると言われます。1日経つと【74%】です。

この数字が正確かどうかは関係がありません。人間はすぐに忘れる生き物だということを念頭に置いてほしいのです。

商談から4日遅れて「提案書」が送られてきても、お客様の意識レベルがそれほど強くなければ「これは何だっけ?」と、思い出すのに苦労します。

商談では盛り上がったとしても、日にちが経つと、そのときの気持ちも薄れていきます。

「この前の打ち合わせでは、いい感触だったんですけど、お客様が急に心変わりをしたみたいで、『もう結構。わが社には必要ない』だなんて言ってきたんです」

部下がこう言い始めたら、上司は部下のスピード感を疑ってください。

営業の対応が遅れれば遅れるほど、お客様の反応は鈍ってくるものです。

やはり**「鉄は熱いうちに打て」**。

お客様は無意識のうちに、**営業の意識の弱さを「スピード感」というわかりやすいファクターで感じ取る**のです。

行動スピードは、スキルや能力に関係のないことですから、日頃から強く意識しましょう。

絶達ポイント

営業の対応が遅れれば遅れるほど、お客様からのレスポンスは比例して遅れる。

「売れない」と思っている営業は、いつまで経っても売れない

「ミラーニューロン」で、営業の言動・思考が相手を感化する

私は、企業の目標を絶対達成させるコンサルタントとして、これまで数えきれないほどの営業や販売スタッフの行動を見てきました。その際にすごく気になるのは、スタッフの「言語データ」よりも「非言語データ」です。

本人たちは、お客様の属性や製品の知識、セールストーク、チラシやホームページ

のキャッチコピーなどの「言語データ」が気になるようですが、私たちコンサルタントは違います。**言葉で表現できない「何か」**が、とても気になるのです。

それは**「表情」**であったり**「態度」**であったり**「姿勢」**や**「行動の量」「行動のスピード感」**等も当てはまります。

脳には、俗称**「ミラーニューロン」**という神経細胞があります。「ミラー＝鏡」のとおり、まるで合わせ鏡のように、近くにいる人の言動ばかりか思考までも無意識にモデリングしてしまう細胞です。私は、これを〝ものまね細胞〟と名づけています。

この「ミラーニューロン」により、「人」は「人」からの影響を強く受けます。つまり、感化されるのです。**営業や販売員の表情や態度が、お客様を無意識のうちに感化してしまう**わけです。

たとえば、ある自動車販売会社のセールスパーソンが、心の中で「ライバル社のクルマのほうがいいに決まっている」と思っていたら、どうでしょうか。その思いがお客様に伝わってしまい、クルマは売れません。

営業が勝手に「売れない理由」を探してくるケースもあります。

「この商品は他社と比べ、取り立てて優れているポイントがない」「今回の新商品はイマイチ。お客様からの反応も良くない」などです。

このようなことを口にする営業は、**「売れない理由」を商品のせい**にしています。

いっさい売れていないのならともかく、結果を出している営業が他に存在するなら、ただの言い訳にしか聞こえません。

製品知識不足より危ない

そのような場合、私たちは「売れない理由」ばかり言う営業に同行し、お客様の言い分を直に確認しに向かいます。さらに、私の部下に簡易的な営業代行をしてもらうときもあります。

多くのクライアント企業の営業が「商品や業界のことも十分知らないのだから、売れないだろう」と思い込んでいます。しかし、製品知識などなくても――というより、製品知識がないからこそ、かえって自信を持ってお客様に紹介できるときがあるのです。

この製品のウィークポイントを知らないというアドバンテージがあるからです。これまでの営業が売れなかった先に、私の部下が営業に行って売れてしまったケースは過去、数えきれないほどあります。

製品知識はとても大切です。しかし、**「その気」がある人が、相手を「その気」にさせるのです。**「売れない」と思っていたら、本当に売れなくなっていきます。

自信を持つには、反復のトレーニングが不可欠です。これは**頭で理解するものではなく、体で覚えるもの**です。取り扱っている商品が他社品と比べて著しく劣っていたり、市場のニーズに応じられないような身勝手な商品ならともかく、そうでないなら、売る人の「気持ちの問題」ととらえてもいいでしょう。

絶達ポイント

商品が売れない場合は、営業スタッフの「非言語データ」に着目すべき。

営業必須のビジネススキルは「概算力」

仮説の有効性を測る「物差し」

誰でも、いつの時代でも、どのような業界、どのような商材でも、**再現性**のある結果を手に入れるためには、何事も大ざっぱにでもいいので、分解して数値化できるスキルが不可欠です。

つまり、**「大ざっぱに数字でとらえる」**という感覚です。

たとえば、年間の売上目標10億円に対し、あと1億円の目途がたたないとします。

来年の3月の期末までに何とかしなければならない。そのとき、どのような打開策を考えるでしょうか？

・秋の展示会に参加し、出展する
・セミナーを開催して見込み客を発掘する
・ホームページを開設して商品の認知度を上げる
・見込み客のリストに電話をかけて売り込む
・チラシのデザインを変更し、わかりやすくする
・iPadを導入して商品の説明をしやすくする
・テレビCMで宣伝する

どのような打開策でもかまいませんが、仮説の有効性を測る「物差し」がないと、感覚に頼って、意思決定をしてしまいます。


「今どき展示会に出品しても、反応いまいちだしな〜」

「ブログよりも今はフェイスブックじゃない？　ツイッターとか？」

「チラシの作り方は変えたほうがいいと、前から思っていた」

などと、適当な価値基準で意思決定をしてしまいます。

まず、うまくいく確率を知る

私が最もこだわるのは「再現性」です。したがって、**能動的なアプローチの量と、期待リターンの量との組み合わせによってできた仮説**を常に意識していきましょう。

そうすることで、仮説の有効性を測る「物差し」ができていきます。

「ブログでどれぐらいのアクセス数を稼げば、どれぐらいの問い合わせがあるのか？」

「どれぐらいの問い合わせがあれば、どの程度の商談につながるのか。そして仕事に結びつくのか？」

という数字の読み。大ざっぱにつかむ**「概算力」**なのです。

展示会であれば、展示場の集客数、当社ブースの来場者数、アンケートの記入数、名刺交換数、当日の商談発生数等、だいたいの「概算」ができるか、ということです。

「来年の3月までに新規のお客様で1億円を作ろうとしたら、100万円の仕事を1

００個作らなければいけない。そう考えたら、２０００社を集めて１０００人以上とのキーパーソンと名刺交換し、５００社と商談をして、そのうち２００社には具体的な提案をしなければならない。それだと10人の営業じゃ、無理だな……」

　このように大ざっぱでいいので、常に数字で物事をとらえる習慣が必要です。

絶達ポイント

大ざっぱに数字でとらえる「概算力」こそ、最も再現性のある成功法。

会話効率のアップが、時短と目標達成を両立させる

なぜ会話効率が重要なのか？

「時短」と「成果」を両方同時に叶える良い方法の1つとして、私は**「会話効率」**をアップさせることをお勧めします。

「会話効率」をアップするには、マネジメントサイクルを、正しく、速く、回すことです。

「会話効率」がアップすることで、

・「話」が早い
・「話」がつながる
・「話」が前に進む

という感覚を覚えるはずです。

「作業効率」と異なり「会話効率」は、メンタルにも直接的な影響を与えます。話がまとまらなかったり、話がこじれたりすることで、短い時間で結果を出そうとしている人の努力を台無しにし、人間関係をこじらす遠因にもなります。

会話効率を上げる3つのポイント

では、どうすれば「会話効率」がアップするのでしょうか？
まず「話し手」が特に意識すべきことが3つあります。

①スタンスが合っているか？
②相手に正しい前提知識が備わっているか？
③客観的なデータに基づいた事実を論拠にしているか？

この3つが揃っていないと、会話がゆがんできます。

①スタンスが合っているか？

スタンスとは「どういうつもりか？」で考えればわかります。問題を解決するつもりなのか、問題を共有するだけのつもりなのか、話を聴くつもりもないのか。お互いのスタンスが合わないと、話がいっこうに前へ進みません。ひどい場合は「壁」に向かって話しているような感覚に襲われることもあります。「会話効率」をアップするために、**双方の「スタンス」を合わせることは不可欠**で、スタンスが合わない人を会議などに呼ばないことも重要です。

②相手に正しい前提知識が備わっているか？

「誤解」「ミスコミュニケーション」があると「会話効率」が非常に悪くなります。

「だから、そういうことじゃないって！　言わなくてもそれぐらいわからないのか」と怒っても後の祭りです。

ミスコミュニケーションを回避するには、**「質問・確認」を繰り返す**こと。事前にお互いの「知識」をすり合わせておくプロセスも必要です。

③客観的なデータに基づいた事実を論拠にしているか？

「そんなことやって、うまくいった話は聞いたことがない」

「うちの業界では無理なんじゃないの？」

このように「思い込み」を論拠にして話を進めるべきではありません。

「どうしてうまいかないと思うの？」

「だってそうでしょ。やらなくてもわかるじゃないか」

「やってみなきゃわからないでしょう」

「何でもかんでもやればいいってもんじゃないし。だいたい、以前もそんなこと言って失敗したじゃないか」

「いつの話を言ってるんだ、いつの話を」

……このように言い争っていても埒《らち》があきません。会話効率は悪くなる一方です。

「96件の過去データからすると、45％の確率で期待どおりの成果が出ています。他の手法での成功率より8ポイントも高いため、やってみる価値はあると思います」

などと言えば、水掛け論になることは回避できるでしょう。

話の「受け手」が意識すべきこと

次に、話の「受け手」が意識すべきことを列挙します。

それは、

・**話の内容を「省略」して聞いていないか？**
・**話の内容を「歪曲」して聞いていないか？**
・**話の論点を正しく理解しているか？**

の3つです。

なぜなら、これを意識しないと**「話がこじれる」**からです。

「会議をすべてやめたほうがいいだなんて、極論だ」

「誰が会議をすべてやめたほうがいいと言ったんですか。ムダな会議が多すぎると言ったんです」

「だいたい情報共有のシステムがないから、こうなるんだ」

「何の話ですか。今はシステムの話をしているわけではありません」

「どっちも同じだ。君はもう少し年寄りの話を参考にしたほうがいいんじゃないか？」

「何の話をしてるんですか……」

話がこじれると「会話効率」は最悪です。**お互い感情的になってしまい、話がまっ**

たく前に進みません。

「受け手」が正しく論点を掴まないと、話が訳のわからない方向へ進んでいきます。**「作業効率」とはその点で異なり、深刻な問題**なのです。

時短と目標達成を両立させるため、少しでも「会話効率」を良くすることを考えていきましょう。

絶達ポイント

会話前の、ちょっとした準備や心構えで、「会話効率」は格段にアップできる。

「直感力」の鍛え方

直感力と脳の回転数

よく「直感を信じろ」と言う人がいます。何らかの意思決定をする際、迷ったときは「直感」という武器を使えばうまくいくという発想です。

実際に、いろいろな局面で、「直感」という武器を使う人を目にします。

「Aの計画とBの計画と比較すると、根拠はないが、Aのほうがいい気がする」

「今はヘタに動かないほうがいいような気がする。理由はないが、そう思う」

といった発言です。直感の意味を辞書で引くと、**「勘」**や**「第六感」**のことと書かれています。分析や考察に頼らず、感覚的に物事を瞬時に感じとることを言います。当然のことながら、論理的な状況判断、意思決定ではありません。もし多くの事柄が「勘」や「第六感」でうまくいくというのであれば、誰もロジカルに物事を考えようとしたり、事前にデータを集めて分析・検証しようとしたり、すでにうまくいっている人に相談しようと考えたりはしないでしょう。

最初に結論を書きます。**直感で物事を判断したり、決断するということは、自暴自《じぼうじ》棄《き》に陥っています。**「やけくそ」「どうにでもなれ」「投げやり」精神ということです。直感で決断してうまくいくことがあるのは「たまたま」であり、**再現性がない**ことは頭に入れておきましょう。

あなたの周りに、いつも「直感」で判断して、うまくやっている人もいるように思うかもしれません。しかし、その人の意思決定の拠り所は「直感」ではなく、**「直感」を使っているように見えるだけ**であることを見逃してはなりません。

客観的なデータに基づく論拠もなく、瞬時に意思決定しても、うまくいく人は確かにいます。同じような状況において過去、複数の体験があり、その体験へと瞬時にアクセスして、ある程度の合理的な判断のもとに推論を導き出せる人のことです。

そういう人は、**ごく限られた時間の中で脳の回転数が一気に上がり、その上で仮説を立て、検証し、決断している**のです。瞬く間に、的確に、決断できる人は**脳にブースターがついている**、と考えてもよいでしょう。

どうすれば脳にブースターをつけられるのか?

脳にブースターをつけるためには**「時間感覚」を意識する**ことです。

きちんと立ち止まって考える習慣と言いましょうか、何も考えずに条件反射で答えを出すのではなく、**1分や2分などと極端に短い期限を切り、脳の基本回転数を強引にアップし、脳の「長期記憶」の深い部分にアクセス**します。

「よくよく考えてみたら……」という状況を作り出すのです。思考の流れを、未来から現在に向かって逆流させることで、「どのようにしたら効率良く物事が運ぶか?」

を考えられるようになります。

ただ、自分の脳の「長期記憶」に意思決定につながる過去の体験が潤沢になければ、どんなに脳のブースターを働かせたとしても判断材料となるデータにアクセスすることはできません。つまり、**過去の蓄積のない人が、拠り所となるデータもなく「直感」で意思決定するのは非常にリスキー**である、ということです。

絶対達成マインドは、消去法でしか手に入りません。

目標を達成したか、達成しなかったか、それぞれを体験し、目標を達成しようとしてもうまくいかなかった事柄だけを、自分自身で消去した体験が必要なのです。

苦しくても目標を達成させた過去の体験が「直感力」を磨いてくれるわけですから、その歴史がない人に、いきなり「直感を信じろ」というのは少々乱暴な話です。

絶達ポイント

脳の「長期記憶（過去の蓄積）」の深い部分にアクセスする習慣をつける。

「最低必要努力投入量（MER）」を設定する

興味・関心が低いことに向き合うときに有効

「やらずに後悔するより、やって後悔するほうがいい」という名言、実は私はあまり好きではありません。なぜなら、中途半端な努力はやったほうが後悔するからです。

「やるなら、やる。やらないなら、やらない」とハッキリしたほうが、私は後悔の質も量も減ると考えています。

そして、「やる」と決断し、自分が期待した成果を手に入れるためには、一定以上の努力をしてもいないのに見切りをつけない、あきらめない、グダグダ言わないことが大事です。

この**「一定以上の努力」という概念を、「最低必要努力投入量」**と呼びます。ミニマム・エフォート・リクワイアメント（MER）とも言われ、名著『働くひとのためのキャリア・デザイン』で金井壽宏氏が紹介した概念です。

ただ、この表現ではわかりづらいので、「精神的コスト」と「経済的コスト」と「時間的コスト」という3つに分解して考えてみましょう。

「最低必要努力投入量」の算出は、特に興味・関心レベルが低いことに向き合う場合に有効です。好きでもないことをするのは面倒だし、ストレスがかかるからです。

しかし、人生を後悔したくないのであれば、この**「精神的コスト」とバランスをとるように「経済的コスト」「時間的コスト」をかけていきましょう。**

「希望してもいないのに営業職に配属させられた。営業成績が上がらないので、営業に向いてないと思う。でも、あと半年、顧客との接点量と時間をこれまでの2倍にしてみよう。そして毎週1冊は営業に役立つ本を読んでスキルアップを心掛けよう。それで成績がアップしなければ、やはり営業に向いていないと考えていいかもしれない」

このように具体的に「努力投入量」を設定します。

「最低必要努力投入量」を正しく設定する方法

ただ、この具体的指標がそれなりに正しいかどうかは、2つの視点で検証する必要があります。

①過去の自分の成功体験と比較して妥当か？
②「その道のプロ」の意見を聞いて妥当か？

たとえば、種類は違っても、過去に「宅建に合格するのに週に6時間勉強して5カ月かかった。そのときに使ったお金は15万円」という経験であれば、そのときの感覚を生かすことができます（ただし、合格していなければいけません。努力はしたが目標未達成に終わったという体験は、未来に生かすことができないからです）。

「ある程度、英会話ができるようになりたいが、スマホの１０００円のアプリを使って、毎日20分ぐらい勉強してるだけで成果が出ないのはあたりまえだな。宅建を合格するにも、それなりに苦労したし」

実際に**目標を達成させた過去がいくつかあれば、中途半端な努力だけで見切りをつけることはなくなる**と言えます。「最低必要努力投入量」と言われても、見当がつかないということはないでしょう。

そして、過去の成功体験がない場合は、**「その道のプロ」に聞いてみればいい**のです。営業成績をアップさせたいのであれば、その会社で結果を出している先輩や上司に聞いてみましょう。

結局、うまくいく人は何をやってもうまくいきます。

いろいろな成功体験があり、自分なりの「最低必要努力投入量」という指標を手に入れているからです。そして成功者には、必ず成功者の仲間がいます。何か新しいことにチャレンジしようとしても、そのときにかかる「最低必要努力投入量」をその道のプロから教えてもらえるのです。

絶達ポイント

過去の成功体験、または成功者に聞いて、「最低必要努力投入量」という、自分なりの物差しを手に入れよう。

ボキャブラリーを増やすことが「会話力」を身につける第一歩

営業テクニック以前に、最低限の語彙力をつける

「語彙」「ボキャブラリー」の不足が原因で、話が噛み合わなくなることは、とても多いと言えます。「話にならない」という現象は、ボキャブラリーの足りなさで引き起こされることが多いと言えるでしょう。

以前、とても珍しい会社をコンサルティングした経験があります。コンサルティン

グ先の会社は、「営業コンサルティング」を売りにしている会社でした。

その会社の社長が言うには、「当社の営業コンサルティング技術には自信があるが、当社のサービスを売るのに苦労しているので、横山さんに手伝ってほしい」とのこと。

いわゆる同業ですから、やりづらいと思ったのですが、その会社の営業コンサルティング手法にも興味があったので、快く引き受けました。

ところが驚いたことに、この会社は営業のことは多少わかっているようでしたが、マーケティングや経営のことはわかっていないようでした。

数名のコンサルタントと一緒にお客様のところへ同行すると、お客様が言っていることを理解できていない場合が多々ありました。

「当社はどうしてもプロダクトアウト的な発想で仕事をしているからダメなんです。営業にはもっとマーケットインの発想で提案するようにと言ってるんです」

と、相手の営業部長が言っているのに、そのコンサルタントは、

「プロダクトアウトというのは、御社のサービス名称ですか?」

と質問したのです。私は隣にいて赤面してしまいました。

「一応、営業コンサルタントとしてお客様のところへ訪問するわけですから、『プロダクトアウト』『マーケットイン』ぐらいの語彙は知っておくべきです」

同業であるがゆえに、私は少し強い口調で言い聞かせました。

その他にも、知らないビジネス用語が多いようで、

「営業コンサルタントと名乗る以上は、SFAとか、商品のポジショニングとか、SEO対策とか……。それぐらいのビジネス用語は知っておかなければダメですよ。自分が使わなくてもいいですが、お客様が言ったら理解できるぐらいでないと」

営業のテクニック以前に、ボキャブラリーが足りなさすぎるのは問題です。特に自分の専門領域の知識は、2年も3年もかけないと覚えられないなんてことはありません。

「この世界に入って2年目なので、まだわからないことが多く……」

などと平気な顔をして言う営業は、謙遜《けんそん》しているように振る舞っているかもしれませんが、単に怠けている自分をさらけ出しているだけ。

車を販売するのに、今販売している車のラインアップ、ファンクションや性能、技

術を知っているだけでなく、過去に販売していた車のことや、他メーカーの車などのあらゆる知識、業界のトレンドもすべて覚える努力が必要です。

文房具を扱っているのなら、あらゆるカテゴリーの文房具の名称や機能を知るべきです。営業がお客様より知識が豊富であることは当然で、それを誇りに持たなければなりません。

営業職に就いたらどんなに長くても1年以内には、一般のお客様よりも語彙力をつけましょう。

わからない単語、ボキャブラリーがあれば、その都度、質問と確認をすることが基本です。

私も普段、クライアント先の職場やその団体で使っている専門用語、専門知識は、話を噛み合わせるためにも、できる限り覚えるようにしています。

ボキャブラリーを増やすのは、「話す」ためではなく「聞く」ため

知識やボキャブラリーをたくさん増やしたからといって、やたらと使うのはやめましょう。増やしたボキャブラリーは「聞く」ために必要なのです。「話す」ためではありません。

また、相手が本当にわかっているかどうか、気を遣って話すことも重要です。

実際、相手が**言葉の意味を「誤解」しているケース**は、多々あります。

特に注意したいのは、その業界独特の定義をしている言葉です。まるで共通言語のように使われているので見落とされがちですが、初めての人にはまったく通じていない可能性があります。

たとえば、第4章で紹介する「予材管理」のことをあまり知らない相手に、「予材管理コンピテンシーから考えると、〝戦略予材〟をどれぐらい仕込んだかが、

部長の評価ポイントになると思います」

と言っても理解してもらえません。

相手の理解できない専門用語を使うのは、相手のペースに合わせてコミュニケーションできないということですから、ラポールが構築できなくて当然です。

相手とペーシングするために、言葉の説明をしてから使うようにしましょう。

厄介なのは、**相手が言葉の意味を誤解しているケース**です。

「横山さんはよく『種まき』より『水まき』を意識しろと言いますが、本当にそうですね。当社は『種まき』ばっかりやってるからダメなんです」

とある製造メーカーの社長から言われたことがあります。

私がよく言う「種まき」というのは、お客様と最初に知り合うきっかけ作りであり、1回しか存在しません。「水」は何度でもまきますが、「種」は1回しかまかないのです。

この会社の営業はまったく新規開拓をやっていませんから、「種まき」は全然やっていないのです。したがって「種ばかりまいている」という、この社長の表現は間違っています。

文脈を知ることで、相手が言葉の意味を取り違えていることは判明します。しかし何度も会話しないことにはわかりません。

ボキャブラリーを増やすことは重要です。

ただ、それは**話すときではなく、相手の話を聞いて理解するときに重要である、**ということを忘れてはなりません。

絶達ポイント

会話力を上げるために、わからない単語は調べる。業界独特の用語には要注意！

ストレスを溜めない「サババする技術」

ネチネチを断ち切る心のスイッチ

「サバサバ」しているとは、「無関心」「冷淡」「素っ気ない」とは違います。

一定期間、執着していたにもかかわらず、期待どおりにならないとわかると、その執着心を捨て、「それならしょうがない」と心のスイッチを切り替えられることです。

3年も力を入れてきた事業がうまくいかなかった場合、

「最初から撤退基準は決めていた。3年で黒字化しないとわかった以上、この事業からは手を引く」

と決断できる。これが「サバサバ」しているという感じでしょうか。

思いを断ち切れずに「ネチネチ」している人、いつまでも恨み節を口にしている粘着質な人とは対照的です。

性格そのものを変え、サバサバした性格になるのは難しいかもしれませんが、時と場合によってはサバサバしたいという方に、どういう方法があるか考えてみます。

具体的な「境界線」を決める

まずシチュエーションとしては、2つのパターンがあります。

◎どう頑張っても何ともならない、というパターン

◎まだ頑張れば何とかなるかも、と思えるパターン

前者は、たとえば「高校・大学受験」「資格試験」などがあります。試験に不合格であったなら、「もっと勉強すればよかった」「遊んでばかりいた自分がバカだった」とネチネチ後悔しても遅いのです。もう取り返しがつきません。

「恋愛」は、後者のパターンが多いと思います。誰かに恋い焦がれ、相手に気に入られようと努力してみたけれども、フラれてしまったとか。このパターンの場合、「もう一度出直して、再びアタックしてみよう」と思うのは悪くない気がします。それで成功することもあるでしょうから。ただ、あまりに執拗《しつよう》だと相手に嫌われます。自分の心にも大きな痛手を負うことになるでしょう。

「経営」も、「恋愛」と同じく後者のパターンが多いでしょう。

事業に対する思い入れが強すぎて、いつまでも撤退せず、不採算事業を続けていると、業績が悪化して従業員の皆さんにもお客様にも迷惑です。

そこで、「あと1年あれば、黒字にさせる自信があるんだけど……」と事業責任者が言い続けていると、泥沼にハマっていきます。

思いが強ければ強いほど、そう簡単に気持ちを切り替えることなどできないものです。とはいえ、いつまでもダラダラ走り続けるわけにはいきません。どんなに全力で走っていたとしても、どこかでストップしないといけないのです。

ですから、「サバサバ」と気持ちを切り替えるためには、明確な**「境界線」**を決めることが大切です。そう簡単に思いを断ち切ることはできなくとも、**ここを越えたら、潔く退く、これ以上はあきらめる**――という境界線を決めるのです。

「1年間通い続けてもこの会社から1つも商談が出なければ、潔くあきらめよう」

このように「境界線」には、**数値表現を含める**べきです。「しばらくしたら忘れよう」「やれるところまでやって、無理ならあきらめよう」という曖昧《あいまい》な表現は避けるべきです。特に営業は、引きずらない性格が大切だからです。

絶達ポイント

ここを越えたら、これ以上はあきらめる――という境界線を「数字」で決めておく。

現代版「できる人」「残念な人」のコミュニケーション能力

できる人は、「1」聞いて「10」理解する

「できる人」に共通する特徴、それは**「1」聞いて「10」理解する人**だと、私は考えています。

たとえば、こんな人です。

上司「お客様を増やすために、資料請求の件数を増やす必要がある。ホームページをリニューアルしたいと思う」

部下「わかりました。ホームページを刷新するために、企画部へ連絡してみます。ただ、ホームページを修正するだけでなく、イベント時のアナウンスや、配布するチラシも変えましょう。資料請求はホームページ経由だけではないですから」

上司「確かにそのとおりだ。頼んだぞ」

部下「企画部には緊急で対応してくれと言っておきますね。何も言わないと、優先的に対応してもらえませんか」

上司「君、わかってるじゃないか。私からも企画部長に言っておくよ」

この部下は、上司のわずかな言葉で多くを理解し、目的を達成させるために必要なことを自分の言葉で提案しています。

自分自身で**多くの付加価値**を生み出しているからこそ、「できる**人**」と呼ばれるのです。

残念な人は、「10」聞いて「1」しか理解できない

では、反対に「残念な人」とは、どんな人でしょうか?

「できる人」の反対ですから、**「10」聞いて「1」しか理解できない人**です。

上司「お客様を増やすために、資料請求の件数を増やす必要がある。ホームページをリニューアルしたいと言ったよな」

部下「はい。早めにホームページを刷新させたいですね」

上司「そのために企画部へホームページの修正を依頼してくれと言っただろう。もう2週間も経っているぞ」

部下「え? それは私がやるんですか」

上司「君以外に誰がいるんだ。2週間前に念を押したとき、私がやりますと言っただろう」
部下「でも、企画部も忙しそうじゃないですか」
上司「忙しそうでも、優先的にやってもらえばいいんだ」
部下「そうは言っても、私より課長が言ったほうがいいと思いますけど……」
上司「もういい。君には頼まない」

このように「残念な人」は、「10」言っても「1」しか理解してくれないので、なかなか話が噛み合いません。だから「話にならない」「話すだけムダ」とレッテルを貼られてしまいます。

「喋り」上手、「トーク」がイケてる、「プレゼン」がうまいという人は、いくらでもいます。

しかし、それらの「話し方」が上手であることと、正しく話を噛み合わせることとは、まったく別のスキルです。

人前で話すことがとても上手でも、「会話」となると、全然噛み合わない人はいるものです。

時間が緩やかに流れていた一昔前なら、多少「話が噛み合わない人」でも、「大らかな人」ととらえられていたでしょう。

しかし、現代は違います。

話が噛み合わない残念な人が組織に多数存在すると、「業務効率」「生産性」の面で大きな問題を抱えることになります。

「できる人」と呼ばれるために、話を噛み合わせる技術を身につけましょう。

絶達ポイント

「話し上手」と「話ができる人」。一見似ているが、中身はまったく違う。

第3章

絶対達成
リーダーシップ&
マネジメント

「場の空気」を作る

「場の空気」が、集団の能力を変える

場の「空気」が、チームのすばらしいパフォーマンスを引き出すことはよく知られています。

特にスポーツを通じて、そのことを感じている人は多いと思います。サッカーや野球などの試合で、たとえ負けていても、いったん「流れ」をつかむと、そのまま逆転勝利に導くことができるものです。

そういった「空気」によって実力以上のものが引き出されるのは、何もスポーツの世界だけではありません。

私たちも**「空気」によって自分の持つポテンシャル以上の力を引き出されたことがある**はずです。逆に、「空気」によって実力が発揮できなかったこともあるでしょう。

「空気」を味方につけるかどうかが、結果を大きく左右するのです。

私は企業に入って目標を絶対達成させるコンサルタントです。現場に入る際、とても重要視するのが「場の設計」です。どんなテクニックよりも、まず「場の空気」を良くすることから、支援はスタートします。**「場の空気＝集団の価値観・判断基準」**が悪いと、うまくいくはずのことでも、まったくうまくいかないからです。

なぜか？

それは、**「場の空気」は、私たちの脳と深い関係がある**からです。

脳は、その「場の空気」に大きな影響を受けるからです。

別の項でも述べましたが、**特定の脳の神経細胞（ミラーニューロン）**が原因で、人は近くにいる人の言動のみならず、思考までも無意識にモデリングします。

他人がしていることを見ているだけなのに、まるで自分のことのように感じる共感能力を持っています。

プレゼン前に緊張している人の近くにいると、なぜか自分まで緊張してくる――いわゆる「緊張がうつる」状態は、まさしくミラーニューロンの働きです。

これまでは、なぜ「緊張がうつる」のかわからなかったのですが、私たちの脳の中にある、この〝ものまね細胞〟「ミラーニューロン」が刺激を受けて脳が反応し、自分自身も緊張してしまうのだということが判明したのです。

「目標は達成するのがあたりまえ」という「空気」で満たす

その職場で、何があたりまえか、何が常識かは、「空気」によって決まります。

たとえば、「目標を達成するのがあたりまえ」になっている「空気」の中に身を置けば、〝ものまね細胞〟「ミラーニューロン」によって、その「空気」に感化され、

「目標は達成するのがあたりまえ」になっていきます。

その一方で、「目標達成なんて無理」という「空気」に支配されている中では、悪い「空気」に感化されていくことになります。

このように、「空気」の持つ影響力は、良くも悪くも強大です。特に**日本人は、諸外国に比べて、場の空気に感化されやすい**。日本語は省略しやすい言語であり、「察する」ことを求める文化であることが、理由の1つに挙げられるでしょう。

したがってリーダーの仕事は、まず何よりも初めに「良い空気」をつくることです。

そして、「目標は達成するのがあたりまえ」という環境にしてしまうことです。

「人」を変えるのではなく、「空気」を変えるのです。それが、最も重要であり、最も効率的な方法です。

絶達ポイント

リーダーが最優先すべき業務。それは、「良い空気」をつくること。

自燃人・可燃人・不燃人「組織論2：6：2の法則」

組織の構成比率は、「20%のできる人」「60%の普通の人」「20%の物足りない人」

人は、〝ものまね細胞〟「ミラーニューロン」によって、「場の空気」の影響を受けてしまう生き物です。

しかし、人の「意識レベル」によっては、影響を受けやすい事柄と、受けにくい事柄があることを知っておいてほしいと思います。

このレベル感を「組織論2：6：2の法則」を使って解説していきます。

「組織論2：6：2の法則」とは、組織は**「20％のできる人」「60％の普通の人」「20％の物足りない人」**に構成されやすいとした法則です。

これは人間のみならず、アリ等でも同様に「働くアリ」「働くふりをするアリ」「働かないアリ」の3種類に分けられ、この配分も「2：6：2」になると言われています。

私自身もさまざまな現場で、この「組織論2：6：2の法則」を目の当たりにしています。

「場の空気」に影響されやすいのは、主流派の「可燃人」

それでは、この「2：6：2」を意識レベルで3つに分解し、わかりやすく説明します。私はよく「自燃人」「可燃人」「不燃人」という言葉を使います。

◎2割の自燃人（じねんじん）……自分で勝手に燃えている人
◎6割の可燃人（かねんじん）……火をつけられると燃えることができる人
◎2割の不燃人（ふねんじん）……なかなか燃えない人

「自燃人」はチームが上昇気流に乗るための、正しい価値観、規律に対して前向きに受け止めます。ですから、「締まった空気」を好みます。その一方で「緩んだ空気」には大きなストレスを覚え、その空気になじめないと感じると、離職してしまう可能性があります。つまり、「良い空気にはなじむが、悪い空気には染まらない」というタイプです。

「不燃人」は、「締まった空気」がチームにあるとしっくりきません。居心地が悪くなります。「現状維持バイアス」にかかっているため、「できない理由」「やらない理由」を探して徹底抗戦します。

つまり、「自燃人」や「不燃人」は、「居心地の良い空気」があらかじめ決まっていて、「空気」の変化に「感化」されにくいタイプであると言えます。

その点、**「空気」に左右されやすいのは、「可燃人」**です。

「良い空気」にも「悪い空気」にも、どちらにも感化されます。ですから、チーム多数派の「可燃人」が意識を高めるかどうかによって、「場の空気」は大きく左右されるのです。

チームメンバー全員を「燃える集団」にできたら理想的ですが、それはあまり現実的ではありません。

チームに6割存在する「可燃人」をどのように変えるかが、リーダーの腕の見せどころです。

では、どうするか？

「脳のミラーニューロン」の影響により、近くで「自燃人」が活躍していれば、その存在に感化され、「可燃人」も自然と燃えてきます。意識が高揚し、チャレンジ精神が湧いてきます。

反対に、近くに「不燃人」が多い環境では、その影響を受けて意識レベルが低くなりやすくなります。

ですから、**「自燃人」がしっくりくる「空気」を、チームのスタンダードとしてしまう**のです。

その「空気」の力で、「可燃人」を上へと引っ張り上げる――。少し時間がかかりますが、それによってチームのパフォーマンス力は大きく変化します。

絶達ポイント

「空気」の力で「可燃人」を「自燃人」に変えれば、チームは大きく変わる。

人を動かす「壁」になる

ダメな上司の2パターン

なかなか動かない人がいます。言っても聞かない人がいます。
そんなとき、上司の態度が大きく影響します。
部下が動かない、ダメな上司の態度を2パターン挙げてみます。

①動揺する上司

たとえば、上司が部下を動かそうとするシチュエーションのとき、部下にアレコレ言ってみるのだが、なかなか言うことを聞かない人がいます。

マネジャー「新規の取引先を獲得するために、もっとお客様を回りなさいと言っただろう」

部下「そう言われても、難しいです」

マネジャー「おいおい、ちょっと待てよ。先月はやりますと言っただろう」

部下「無理なものは無理です」

マネジャー「何だよ、その言い方は……。入社してまだ1年しか経ってないのに、無理なものは無理とか言うなよ。どういう神経をしてるんだ、お前は」

この会話を読んでわかるとおり、動揺しているのはマネジャーのほうです。部下は動揺していません。

「動揺」というのは、グラグラ揺れたり、ビクビクしてふらついたりすることです。上司が「ビクビク」「グラグラ」と揺れまくっていたら、部下は安心して自分の言い分を押し通したくなります。押せばさらに上司がぐらつくとわかっているからです。

②やたらと理由を説明する上司

相手が納得すれば動かすことができると思い込み、やたらと理由を説明しようとする上司もいます。

マネジャー「新規の取引先を獲得するために、もっとお客様を回りなさいと言っただろう」

部下「そう言われても、難しいです」

マネジャー「今期の目標を達成させるためには、月間30社の新規訪問が必要だとあれだけ言ったじゃないか」

部下「やろうとしましたが、時間の確保ができませんでした」

マネジャー「役割分担が正しくできていないんだ。そのためにアシスタントと業務分担を先月中にやっておけと言ったはずだ」

部下「アシスタントに任せるより私がやったほうが早いので、無理です」

マネジャー「そんなこと言っていたら、いつまで経っても目標が達成できないじゃないか」

部下「それなら言わせていただきますが、設定された今期の目標が高いんじゃないですか？　問題はそこだと思いますが」

マネジャー「何なんだ、その言い草は……」

上司が理由を示さないと部下が納得しないという構図は、一見正しそうですが、どう考えてもおかしいでしょう。

いったん「やる」と言って合意した部下が、やっていないのですから、どんなに部下が抵抗しても「やらない理由」はただの言い訳です。

その言い訳に付き合っている上司がすでに動じてしまっています。部下を動かす前に、部下に動かされてしまっているのです。

上司は動じず、「壁」になれ

「芯」がなく、ちょっとしたことですぐに動じてしまう人は、人を動かせません。**人を動かすためには、自分を動かさないことです。**

つまり、何事にも動じない。気持ちを揺らさない。ふらふら方針を変えない……。

こういったことが大事です。

要するに**「壁」**のような存在になるのです。

どんなに押してみても、動じるところがない。まさに頑固。**融通がきかない雰囲気を醸し出す**ことも重要です。

マネジャー「新規の取引先を獲得するために、もっとお客様を回りなさいと言ったはずだ」

部下　「そう言われても、難しいです」

マネジャー「今期の目標を達成させるために、月間30社の新規訪問が必要だ。先月は10社しか訪問できていない。今月は50社回れ」

部下　「えっ。50社……？　30社でも難しいのに……。そもそも、いろいろとやることが多すぎて」

マネジャー「……」

部下　「……」

マネジャー「今月は50社回れ。いいな」

部下　「あの、ちょっ、ちょっと待ってください」

マネジャー「私は何を待つんだ？」

部下　「いや、その……」

マネジャー「今月は50社回れ」

部下が弁明しようとしても、上司が言うことを聞きません。部下が言うことを聞かないのではなく、上司が言うことを聞かないのです。

この場合の**上司が耳を傾けない事柄は、部下の「言い訳」**です。**日頃から部下の話には耳を傾けましょう。正しいラポール（信頼関係）が必要**です。

しかし、部下の不誠実な言い訳まで傾聴してグラグラふらついていたら、部下はさらに言い訳をしたくなります。

ですから「壁」になるのです。

どんなに押されても動かない「壁」のイメージです。正しいことを部下に提案、アドバイスしているのであれば、ブレてはいけません。動じないからこそ、相手を動かすことができるのです。

これは、上司と部下との関係だけではありません。**営業とお客様との関係も同じ**です。

ラポールが完全にできあがってからの話になりますが、軸はしっかりと持つべきです。

お客様から、

「ちょっとぐらいの値引きは、応じてくれますよね」

と言われても、

「申し訳ありません。それはできかねます」

と毅然とした態度を示しましょう。

表情は柔らかく、しかし態度は頑なに、です。

誰かを動かしたいと思ったとき、自分は動かない存在でなければなりません。

絶達ポイント

上司は部下の「言い訳」を聞かない。押されても動じない「壁」になれ。

部下を動かすのに、理由はいらない

モチベーション、仕事の意味・理由を考えても無意味

「部下がなかなか動いてくれないんですよね」という相談をよく受けます。上司の多くが抱えている、共通の悩みです。

けれども、ここで上司が、

「部下のモチベーションを上げるには、どうすればいいのですか？」

「仕事の意味や理由をどう伝えれば、部下にうまく伝わるのですか？」

などと考え込んだところで、まったく無意味です。

なぜなら、部下を動かすのに、理由や動機付けなど必要ないからです。

部下の脳に正しいプログラムをつくる

部下を動かすのに理由や動機付けが必要ないことは、ＮＬＰ（神経言語プログラム）の考え方からも説明できます。

ＮＬＰの基本的な考え方は、人間の脳の中にはプログラムがあり、人間はそのプログラムによって操られているというものです。

脳は刺激を受けることによって反応します。そこに意識は介在しません。言葉を追いかけて体が反応するのではなく、何か刺激を受けたときに体が無意識に反応しているのです。

たとえば、ボールが跳んできたとき、「このスピードで跳んでくるのであれば、反応しなくてはいけない。こういう感じで右側によけてみよう」と考える人はいません。ボールが跳んできたら、無意識にサッとよけるはずです。

しかし、歩き始めたばかりの赤ちゃんは跳んできたボールをよけることができません。過去の体験が乏しく、まだ、脳にプログラムができていないからです。**人間は体験を積み重ねていくことによってプログラムを増やし、生きる力を身につけていく**のです。

ですから、人前で話すとあがってしまう人に必要なのは、場数を踏むことです。**成功体験を重ねることで、脳にプログラムをつくってしまう**のです。

意識でコントロールしようと思ってもムダです。「落ち着け。大丈夫」といっても心臓のドキドキは止まりません。

営業活動も同じです。

目標を達成するために必要なのは、とにかく行動し、脳に正しいプログラムをつくってしまうことです。

それを意識でコントロールすることはできません。どんな言葉で言い聞かせようとも、それでは部下は行動しないのです。

絶達ポイント

理由は不要！　まずは行動し、成功体験を重ね、脳に正しいプログラムを作る。

リーダーシップを発揮する上で「照れ」は禁物

リーダーは、空気に向かって言い続ける

組織のリーダーは、「場の空気」を常に意識する必要があります。部下が「目標なんて、あくまでも目標であって達成できないこともある」「やってもやらなくても給料は変わらない」などと口にするようになったら、「空気」が悪くなっている証拠。何をやってもうまくいかず、営業目標の達成など夢物語になります。

ですから、リーダーは、「空気」に向かって言い続けることが大切です。ことあるごとに「目標は絶対達成する」「決められた行動計画は絶対にやりきろう」と、朝礼、会議、業務連絡のメールなどで、言い続け、書き続けるのです。

本人に向かって言うと、「絶対達成なんて私には無理です」などと言われかねません。

ですから、「空気」に言い続けます。誰だって、本当は目標を達成したいと思っているのですから。

集団の規律、判断基準を「空気」で創り上げる

「空気」に言い続け、部下を感化する――。

「頭では理解しているのにできない」と言う人がいます。それは、「照れ屋」な人です。毎日、「空気」に向かって言い続けるのは、照れ臭いと感じてしまうのです。

人間的には「良い人」なのかもしれません。しかし、**その照れは、チームの目標達成を確実に阻害します。百害あって一利なし、**です。

「目標を絶対達成しよう」「全力で頑張ろう」「あきらめず努力しよう」と正論を繰り返すことを照れ臭がっていたら、リーダーは務まりません。

自分の殻を破って、照れを捨てる。そして、明日からやってみることです。

人間は、いったん集団を形成すると、**「集団同調性バイアス」**がかかります。多くの人が「長いものに巻かれる」のです。

ですから、リーダーが集団の規律、判断基準を創り上げる必要があります。「目標を絶対達成する」という規律があれば、集団はそれに同調するようになります。そして、締まった良い「空気」になります。

それができないと、「目標を達成できないときもあるさ」といった悪しき本音が広がり、集団はそれに同調し、「空気」がどんどん悪くなります。

良い「空気」にしたと思っていても、**「空気」は時間の経過とともに緩み、何事も「なあなあ」になっていきます。**自主性を重んじすぎることなく、適度なタイミングで引き締める必要があるのです。

「空気」を良くするために、リーダーは「照れ」を感じさせてはいけません。

部下に「何を格好付けているのですか」と見透かされ、緩んだ「空気」になってしまいます。

絶達ポイント

「空気」を良くするために、リーダーは「照れ」を感じさせてはいけない。

「褒める達人」は、褒められない部下を決して褒めたりはしない

何に対して褒めるか?

人間関係を良好に保つために、相手を「褒める」ことが秘訣であることは誰もが感じることでしょう。

相手の承認欲求を満たすのです。誰かに褒められることにより、脳内神経伝達物質である「ドーパミン」が分泌され、意欲が高まることはよく知られています。

「褒め言葉」の**「3S」**というものがあります。**「すごいね」「さすがだね」「すばら**

しいね」の「3S」。褒めることが苦手だという人は参考にされたらいかがでしょうか？

このように、褒められるという「社会的報酬」によってやる気が生まれることは理解できます。

しかし、「褒める」側としてはいかがでしょうか？

「褒める」という意欲、「褒める」ためのやる気と言いましょうか。つまり、相手を「褒めたい」と思う動機付けがないと、褒めようにも褒められないということもあるでしょう。

昨今、ビジネスの分野では「上司が、部下をもっと褒めて、認めて、承認すべきだ」という風潮が蔓延しています。

しかし、当事者である上司たちにすれば、**「部下がどういうことをしたときに褒めたらいいのかわからない」**というのが本音です。

なぜでしょうか？

「褒める」というのは、何らかの優れた行ないをして評価し、讃えることです。褒める相手が何かをした後でなければ、褒めたくても褒めようがありません。

つまり、**「褒める」側の期待する行動**があり、相手がその行動をとる前にではなく、**その行動の後にでしか褒めようがない**、ということです。

「君、これから私の期待どおりの成果を出してくれるんだよね？　すごいね、さすがだね、すばらしいね」

などと褒めたら、相手は未来の行ないを上司から強要されたと感じ、良い気分はしません。

また、それが**本当に「褒める」に値する出来事なのか**、ということも重要なファクターです。

「君、最近、資料の提出期限を守るようになってきたね。すごいね、さすがだね、すばらしいね」

などと部下を褒めたらどうでしょうか？

期限を守って資料を提出しただけで「すばらしい」などと褒められたら、何だか嫌味に聞こえないでしょうか？

相手の行ない次第で「褒める」

つまり、正しく褒めるためには、相手の行為に以下の2点が伴っていることが条件なのです。

◎評価・賞賛すべき行ないであること
◎評価・賞賛すべき行ないがすでに終わっていること

己に厳しい人は、「評価・賞賛すべき行ない」の基準がとても高いかもしれません。ですからそのハードルを少し下げて、**相手が何か変わろうと努力していることがあれば、積極的に褒めてみましょう。**

しかし、ハードルを下げても評価・賞賛すべきことがない。何も変わろうとしない。兆候すら見せないという相手を褒めることはやめましょう。

相手が間違った認識をしてしまうという副作用もあるからです。これを**「認知的不協和」**と呼びます。

「あるべき姿」と「現状」とのギャップを正しく認識させることも上司、リーダーの役目です。

その上で「褒める」のではなく、リードするのです。**「あるべき姿とのギャップを埋めていこう」とリードし、その差が縮まってきたら、相手の行ないを「褒める」**と良いでしょう。

相手の行ない次第で「褒める」ことも大事ですし、正しくリードすることもまた同様に大事です。

絶達ポイント

あるべき姿と現状を見極め、縮まったら「正しく褒める」。

評論家タイプの部下を撃退する「それでそれで分析」

「なぜなぜ分析」はご法度

「空気」の悪い組織が「絶対達成」する組織に変わるには、かなり大胆な組織改革をする必要があります。

その際に、困るのは評論家ぶった人の存在です。**新しいアイデアに対する評論・コメントは出すのに、代替案を示さない。**「どうすれば変えられるか」「どうすれば達成するか」という前向きな思考がなく、とにかく批判だけする人がいます。

経営幹部やベテラン社員が言うならともかく、まだ経験が浅い部下などに言われると、腹立たしい気持ちになるものです。

「もう少し効率的なやり方だったらいいでしょうけど」

「そういう方法は、みんな苦手なんじゃないですかね」

「みんな納得しますかね。少なくとも私は腑に落ちませんが」

……などと、**どこか「上から目線」**的な部下のコメントは、上司にとってストレスそのものです。

こういう部下に対して**「なぜなぜ分析」をしてはいけません。**「なぜなぜ分析」とは、「なぜ?」を5回以上繰り返すことで、問題の真因を探ることができる考え方です。

「なぜ、非効率的なやり方だと思うんだ?」

「なぜ、みんな苦手だと言うんだ。やってみないとわからないだろう」

このように問い質すと、部下は気分を悪くします。ひどい場合は、逆ギレされて終わりです。

「なぜって……！　そんなこと当然でしょう！　ちょっと考えればわかるじゃないですか。やるまでもありませんよ」

こんなことを部下に言われたら、上司はさらにキレそうです。

「なぜなぜ分析」は、問題を深く掘り下げるときには役立ちますが、その気のない相手に「なぜ」を繰り返しても怒らせるだけです。

他人事を自分事にさせる「それでそれで分析」

そこで、「なぜ？」の代わりに**「それで？」**を繰り返してみましょう。**「それでそれで分析」**です。「それでそれで分析」は、思考を前進させる働きがあるからです。

たとえば、こんなふうに会話を展開します。

部下「もう少し効率的なやり方だったらいいでしょうけど」

上司「それで？」

部下「え？」

上司「だから、それで？　君はどうすればいいと思ってるの？　君の意見は？」

部下「そ、それで……。ですから、もう少し効率的なやり方であれば、みんな賛同すると思いますが、課長が言っているような方法だと、非効率的なので……」

上司「それで？」

部下「それで……ですね。もっと効率的なやり方を考えたほうがいいと思うんです」

上司「それで？」

部下「それで……その、私も、そのやり方を考えてみたいと思います」

上司「それで？」

部下「それで、ええと……。明日までには、そのやり方を考えてみたいと……」

上司「それで？」

部下「それで、明日の夕方に、もう一度、このような打ち合わせの場を作ってもらえないでしょうか」

上司「わかった。そうしよう」

評論家やコメンテータータイプの人は、単純に相手が言っていることの感想を述べているだけで、すべて**「他人事」**だと受け止めているのです。

ですからそれを**「自分事」にさせるために、「それで、あなたはどういう意見なの？」「それであなただったらどうするの？」と問い掛ける**のです。

冷静かつ、時に相づちを打ちながら、「それで？」を繰り返す

ただし、1つ注意があります。

思いつきのように「それで？」「それで？」「それで？」「それで、何だよ？」……といった口調で突っかかっていくと、これまた部下を逆ギレさせるだけです。

あくまでも冷静に、時には「おぉ、そうか。それで？」などと**相づちを打ちながら、**

「それで?」を繰り返しましょう。

もちろん、普段から「それで?」で部下に問い掛ける習慣が必要です。

そうすることで部下に、「評論家的な態度で意見をすると、必ず課長は『それで?』と問い掛けてくるから気をつけないと」という思考を植え付けることができます。

絶達ポイント

「それで?」を繰り返し、「他人事」と受け止めている部下に「自分事」にさせる。

部下を「やる気」にさせられない上司の共通点

部下は上司の映し鏡？

多くの経営者や管理者が抱えている悩み、それは「部下が動かないこと」です。

「もっと危機感を持って、主体的に動いてほしい」

「問題意識を持ち、先回りして行動してくれるようじゃないと困る」

と嘆く経営者や管理者がとても多いのです。

では、なぜ動かないのでしょうか？

部下が「やる気」にならないのは、ほとんど上司の責任だと私は考えています。なおかつ、その共通する原因は、**上司に「やる気」がない**ことです。

つまり、上司によって部下のやる気をアップさせる方法は、上司本人の「やる気」をアップさせることである、と私は言いたいのです。

正直なところ、「どうすれば部下がもっとやる気を出してくれるのだろう」と悩んでいる上司こそ、「やる気」がありません。

これはもう明らかです。なぜ断言できるかと言うと、私がいろいろとアドバイスしても、

「そうは言っても」「なかなか難しい」「もっと他にいい方法はありませんか」

と、言うことを聞いてくれません。結局、この上司本人も全然私の言うことを聞かないのです。ああでもないこうでもないと言って動かないのです。

ですから、

「あなたこそ、もっとやる気を出しなさい」

と私は言いたくなるのです。

部下は上司の「やる気のなさ」を真似ているだけ

〝ものまね細胞〟「脳のミラーニューロン」によって、「人」は「人」から影響を受けてしまう生き物です。人が作り出す「場の空気」によって人は知らぬ間に動かされてしまうのです。これを「感化」と呼びます。

おそらく、「部下にもっとやる気を出してほしい」という上司は、自分自身も部下に「感化」されて、やる気を出せないでいるのです。

そんな上司を見て、部下も「感化」され、やる気を失っていきます。結局、堂々巡りなのです。**お互いが「感化」し合っているわけですから、どっちもどっち、ということです。**

リーダーは、他人任せなどせず、ましてや部下のやる気任せにせず、自分自身でやる気を出す必要があります。

自分が考えている以上の、5倍や10倍ぐらいのやる気を出してもいいでしょう。人はそう簡単に変わりません。3カ月や6カ月程度実践して効果がないとやめてしまうのではなく、**1年や2年は続ける**のです。

「以前に本を読んで実践してみたけど、うまくいかなかった」

「偉い先生が書いてあることをやってもうまくいくとは限らない」

などと思ったら、やはり上司自身に「やる気」がないのです。

上司が「10」行動を変えたら、部下は「1」行動を変える

本当に「やる気」があるなら、1回や2回、実施してうまくいかなかったからといって何だと言うのだ、結果が出るまでやり続ければいいのです。

上司が「10」行動を変えたら、部下は「1」行動を変えると思うぐらいがちょうどいいでしょう。**自分が「10」変えたら、部下は「20」も「30」も変わるはずだと思う**

ほうがおかしいのです。

上司の私がこれだけ行動を変えているのに、部下が少ししか変わらないなんて損だ、などと思うなら上司失格です。そんなに「やる気」がないのなら、上司をやめればいいのです。

部下の行動が変わるまでは、少々時間がかかります。

しかし、その労力を惜しんでいては、リーダーは務まらないのです。上司こそ、もっと「やる気」を出しましょう。

営業も同じで、営業に「売る気」がなければ、お客様が「買う気」になるはずがありません。気分は、身近な人に伝播するのです。

絶達ポイント

上司が「10」行動を変えたとき、部下は初めて「1」行動を変える。

四字熟語スローガンは、ほどほどに

熟語は「アクションプラン」にあらず

「四字熟語」だけを部下に言い聞かせる上司、これは非常に気になります。**何らかの目標を達成するためには、アクションプランが必要**です。しかし、そのプランを示すにあたって、「四字熟語」をこよなく愛用する上司がたくさんいます。「意識改革」「情報共有」「部下育成」……などです。

もちろん、このような言葉を使うこと自体問題はありませんが、この言葉だけでは、正しくマネジメントサイクルを回すことができません。

しかし熟語を愛しすぎているせいなのか、この言葉だけで物事が動き出すと信じている上司やリーダーがいるのです。

これらの熟語は、アクションプランではなく、実態のない、単なる**テーマ、スローガン**のようなものだと、まずは認識しましょう。

「四字熟語」を愛用するリーダーは、この熟語の後に動詞を付け加えて話を締めくくります。

「部下育成に注力します」

「顧客満足に重点を置きます」

「情報共有を徹底します」

「意識改革をやっていきます」

「経費削減に努めます」

締めくくってはいけないのに、ここで締めくくるわけです。

アクションプランとは、個々のスケジュール帳に記すことができるぐらいに分解さ

れていなければなりません。

ですから、

「部下育成と言っても、何をどうするんだ？」

「意識改革とは言うけれど、具体的にはどのようにしようと考えているんだ？」

と聞きたくなります。

現場は、抽象表現とセットになる具体的なプランが必須

しかし「四字熟語リーダー」たちは、さらに熟語のオンパレードで答えようとするのです。

「まずは意識改革からやっていきます。誠心誠意、顧客満足を意識できるよう組織で情報共有し、部下個人個人の能力開発ができるよう凡事徹底します」

といった具合です。

熟語を分解しろと言っても、また熟語で答える癖がある人は、堂々巡りを繰り返しています。四文字でなく三文字でも二文字でもよくありません。**「効率化する」「最適化する」「集客する」「管理する」「徹底する」**……きりがありません。こうした熟語ばかり連呼していても埒があきません。

こういった抽象表現を使っていいのは、経営陣だけです。現場のリーダー、中間管理職まで抽象的な表現に終始しているのであれば、改善が必要です。

私自身も「絶対達成」「予材管理」という言葉をずっと使っており、「四字熟語」は好きです。

絶対達成を実現するための営業マネジメント手法「予材管理」も多くの企業に普及し始めています。ついでに言えば、私が出し続けているメールマガジンの題名は「草創花伝」です。これらの四字熟語は、私のブランドのようになっています。

ですから、私は「四字熟語」そのものを否定しているわけではありません。

ただし「熟語」を多用しすぎたり、「絶対達成する」「予材管理する」などと**「する」をつけて動詞のように使わない**ことです。

使用する側はそれだけで安心してしまい、物事が前に進まなくなるので、気をつけていただきたいのです。

絶達ポイント

抽象表現を使っていいのは、経営陣だけ。現場では実態のない言葉を使わない。

ムダな会議は、老廃物

会議中毒になっていないか？

世の中には、会議中毒の経営者やマネジャーがいます。会議をして移動し、また会議をして移動する。新幹線や飛行機に乗って出張するのは会議のため——という人です。

そんな経営者やマネジャーを迎えるため、現場は、資料作り、事前打ち合わせ、根回しなどをします。

やがて、会議が増えすぎて人を増やし、やがてその人たちが新しい部署を作ります。その部署のメンバーが「作業を効率化させたい」と問題提起をしてさらに会議をし、新しい情報システムをつくろうと検討会議が始まる……。

まさに「会議地獄」です。

ムダな会議のパターンは、次の3つです。

◎報告だけの会議

◎目的のよくわからない会議

◎ネクストアクションを決めないまま終わる会議

このようなムダな会議は、いわば「老廃物」です。体に老廃物が溜まれば、肌が荒れ、むくみや、肩・腰などのコリに悩まされることになります。

会社も同じです。会議に明け暮れ、そのこと自体に何の疑問も覚えない人は、自分自身が組織の老廃物になってしまいます。

会議のコストを90%近く縮小する方法

会議ばかりに明け暮れているマネジャーは、実際、会議コストがどれくらいかかっているかを実感すべきです。

電気代やコピー用紙代だけの話ではありません。**人件費こそが最大のコスト**です。

試しに、会議期間中にかかる人件費を計算してみましょう。

◎年間休日120日
◎年収600万円

のメンバーが会議に参加しているとすると、1人当たりのコストはおよそ**「1分50円」**です。この設定よりも休日が多い場合、あるいは年収が高い場合は、当然ながら1分あたりのコストは、さらにアップします。

仮に「1分当たり50円」かかるメンバーが10人参加する会議を1時間開いたら、3万円になります。この会議を月に2回実施すると、年間で24回となり、計72万円となります。

ただし、会議にかかるコストは、会議時間中の人件費だけではありません。資料作りの人件費、会議のための打ち合わせ（根回し）の人件費。会議室料、システム費など、隠れたコストは多々あります。

会議中の人件費とこれらをまとめて**「会議総コスト」**と呼ぶとします。

以前、頼まれて、とある会社の会議総コストを、ざっくりと計算したことがあります。すると、会議総コストは、**会議費にかかる人件費の「2倍」**ということになりました。

これを目安とすると、先ほど10人の会議を月2回開くと、年間で人件費が72万円かかると計算しましたが、この場合の会議総コストは144万円になります。

仮に利益率が20％の商品を取り扱っているとすると、144万円分の利益を得るためには、720万円の売上が必要となります。それに見合うだけの効果が、その会議にあるのでしょうか？

「老廃物」のような会議は、百害あって一利なしです。

もしも、**会議の数、時間、参加者をすべて2分の1にすれば、2分の1を3回かけるわけですから、会議総コストは90％近く縮小**することができます。

絶達ポイント

報告だけ、目的なし、ネクストアクションなしの会議は、会社の「老廃物」。

目標を達成させるための「資料作成」の基本

資料作成の2つの目的

ビジネスにおいて、複数の人が協力し合い、何らかの目標を達成しようとする場合、それなりに考慮された資料は不可欠です。

理由は、次の2つです。

①本気度を伝えるため

②効率化するため

②「効率化」は、多くの人にご理解いただけると思います。3種類（金銭、時間、労力）のムダなコストをかけずに目的を果たすために、正しい管理資料を作成することは意義があります。

反対に、①「本気度」に関しては「ん？」と、多くの方が首をかしげるかもしれません。しかし、この①**こそが重要**なのです。

たとえば、社長が工場長を呼び出し、「昨年よりもクレームの数が増えている。クレームを減らしてくれ」と言ったところ、工場長が「わかりました。これからはもっと工員全員で取り組んでいきます」と答えたとします。

しかし、社長がこのように言ったらどうでしょうか？

「期限と数値目標を決めて、毎週、確実にクレームの数が減っているかがわかる資料を作成し、提出してくれ」

工場長は驚いて、こう尋ねるかもしれません。

「期限、目標……と言いますと？」

今度は、社長が驚きます。

「さっき、君自身が『これからはもっと工員全員で取り組んでいきます』と言ったじゃないか。それを具体的に記すだけだ」

「いや、そうかもしれませんが……。営業が中途半端な注文をとってくることも問題かと思いますが」

問題の所在がどこにあるかはともかく、工場長が社長の依頼事項を本気で取り組もうとしていなかったことは明白です。

話が正しく伝達しているか、噛み合っているかを検証する上でも資料を作成することは意味のあることです。

コミュニケーションを補完するために、資料を作る

それでは、そういった資料を作成するにはどのようなポイントを押さえたらいいの

でしょうか？

ポイントはたった1つだけです。

「目標達成に必要な項目だけを載せる」

したがって、資料はとてもシンプルになるはずです。どうすれば目標が達成するのかの「仮説」と、その論拠となる「事実」を列挙していけばいいのです。「事実」とは、「仮説」を検証するために行動した結果になるでしょう。

たとえば、「1年間でクレームを昨年の300件から150件へ半減させることを目標にするため、営業との発注プロセスを見直した。実際にプロセスを見直した後、月に1回、クレーム発生件数をモニタリングしているが、1月10件、2月13件、3月9件、4月11件……と、現時点では年間150件を下回るペースで推移している」ということを伝えられる資料を作成すればいいのです。

複数の人で目標達成、問題解決しようとしているのであれば、お互いの話を噛み合わせるために、**「前提条件」**や**「仮説」**、**論拠となる「事実」を共有する**必要があります。

口頭で話すと、話が「あさっての方向」へ進むこともあるため、資料を使い、論点がずれることなく必要なことのみを伝えられるといいのです。

個人で目標達成する場合は、自分との対話のための資料を、複数のメンバーがいる場合は、相互コミュニケーションを補完するために資料を作るべきです。

もしも会議中、せっかく作った資料そっちのけで話し合いをする人がいれば、資料本来の意味が損なわれています。

絶達ポイント

目標達成に必要な項目だけ載せる。それが、資料作成の唯一のポイント。

絶対達成する「面談」のやり方

意識レベルを推し量る「3種類の質問」

「絶対達成」するためには、スタッフが「最低でも目標は達成する」「目標達成するのはあたりまえ」という意識を持つことが必要です。

そこで、そのような意識レベルに達するための「面談」の方法について解説します。有効な面談をするときに重要なことは、**「質問」**です。アドバイスする場でもないし、説教する場でもありません。面談者はできる限り、質問のみに徹底し、相手の意識レベルを確認しましょう。そして、質問による気づきを誘発するのです。

それでは、面談によって意識レベルを推し量る「3種類の質問」を紹介します。

質問に対する正しい答えが、**「短期記憶（ワーキングメモリ）」「長期記憶」「外部記憶」**のどこの記憶装置の中に格納されているか、それがわかれば、相手の「意識レベル」を推測することができます。

相手の「意識レベル」を調べる質問とは、

①漠然とした質問
②具体的な指標を用いた質問
③正しい答えを使った質問

の3つです。

①漠然とした質問

まず最初に、面談者は「漠然とした質問」をしましょう。簡単です。

「今年の目標達成のために、今意識していることは何だ？」

これでいいのです。このような漠然とした質問は多義的ですので、質問されたほうは何を答えたらいいか迷うことでしょう。

しかし、漠然とした質問にもかかわらず、**具体的な行動指標まで答えることができたら**、常に部下の「短期記憶」の中に格納されている証拠。部下の「意識レベル」はかなり高いと言えます。

「今年の目標は売上2億4000万円です。この数字を達成させるためには、現在保有している見込み客7社を、最低でも20社にまで引き上げなければなりません。そのために私が常に意識していることは、月間で新規のお客様50社を訪問し、最低でも10人のキーパーソンと接触を続けることです」

このように具体的な返答がスムーズに返ってきたら、長々と面談する必要はありません。「それじゃあ、今年も頼むぞ」などと言って面談は終了です。

②具体的な指標を用いた質問

しかしながら、相手が、

「常に意識していること……と言われましても、いろいろありますが」

と答えるのは、上司の質問に何を答えていいか理解できないレベルです。

また、

「意識していることは、新規のお客様に対し、積極的にアプローチすることです」

と、漠然とした答えをする部下も、面談者が期待する「意識レベル」に達していません。

このような部下には2つ目の「具体的な指標を使った質問」をし、正しい答えに導くためのヒントとなる「切り口」や「指標」を渡すのです。

「今年の売上目標を達成させる上で、日々心掛けている行動指標を具体的に答えてほしいんだ」といった具合です。

③正しい答えを使った質問

それでも具体的に答えられない場合、つまり、

「売上と、行動ですか……。売上目標は昨年の数字よりも10％ほど上がっていたと思いますが、申し訳ありません」

といった曖昧で抽象的な返答をするケースは、常に目標達成を意識した行動をしていないとわかります。

「売上目標と言われましても……。そもそも私は今期言い渡されている目標に対して、いまだに納得できない側面がございまして……」

などと、**面談者の質問を捻じ曲げて返答をする部下がいたら、かなり要注意**です。意識レベルが低いどころか、「話にならない」「話が噛み合わない」というレベルですから、相手の思考がゆがんでいる可能性があります。

ここまでくると、3つ目の「正しい答えを使った質問」をします。

「売上目標がいくらで、その売上を達成させるためには見込み客をどれぐらい常時保有していなければならないか、そして新規のお客様への月間の接触回数などを答えて

ほしかったんだ。君の場合は、売上目標が2億4000万で、常に保有すべき見込み客の数は20社だったはず――」

このように具体的な「答え」を明示します。

期待する「意識レベル」にアップするまで、繰り返し「意識させる」

いずれにしても部下の「意識レベル」を引き上げるのは上司の責任です。

前述した3種類の質問を使い分け、部下の「意識レベル」の現状を正しく認識した後は、期待する「意識レベル」にアップするまで、繰り返し**【意識させる】**ことが重要です。

「意識させる」ためには、定期的に面談をし、何度も同じ質問をすることです。

質問をしながらシートなどの「外部記憶」から、部下の脳の「長期記憶」へ転送させます。そしてさらに、面談を繰り返すことによって「長期記憶」から「短期記憶」

へと転送させていきます。短い面談を繰り返し実施することが重要です。評価面談だけで部下の意識レベルを変えることなどできません。

- **「短期記憶に格納されている」↓言われなくてもわかっている**
- **「長期記憶に格納されている」↓言われたらわかる**
- **「外部記憶に格納されている」↓言われてもわからない**

と覚えておきましょう。

部下が口だけでなく、本当に「言われなくてもわかっている」状態になっていれば、上司はラクにマネジメントができるはずです。

絶達ポイント

3種類の質問で、部下の「意識レベル」の現状を認識し、定期面談で引き上げる。

職場における正しい承認、間違った承認

承認レベルの10段階

「承認」については、「どのようなシチュエーションで、どのようなレベル感の承認をするのか／承認を求めるのか」を考えていけば、正しい答えが見つかりやすいでしょう。

そこで、上司が部下に対する承認シチュエーションについて考えてみます。レベルを10段階で表現し、いくつか例を引いてみます。

◎承認レベル1↓「ありがとう、と部下に言う」

◎承認レベル2↓「すごいね、驚いたよ、と部下に言う」

◎承認レベル5↓「模範社員だと朝礼や会議などで、他の社員に触れ回る」

◎承認レベル7↓「組織に不可欠な存在だと同僚たちと噂する。人事考課も最高レベル」

◎承認レベル10↓「これまでなかった社長賞を、この部下のためだけに創設する」

それぞれのレベル感が正しいかどうかではなく、ニュアンスが伝わればと思います。

これを読んでいるあなたなりのレベル感を考えればいいでしょう。

重要なことは**「承認している／していない」「承認されている／されていない」の2極で受け止めてはならない、**ということです。

続いて、シチュエーションについて考えてみます。

・上司に言われたとおりの期限に資料を提出した
・自分の仕事ではなかったが、残業して他部署の仕事を手伝った
・お客様のニーズをいち早くキャッチして先回りし、物流手配をし、先方から当社の社長へお礼の電話が入った
・組織内で有志を募り、早朝1時間の朝会を開いて、経営の勉強会を5年以上主宰している
・10年以上、営業成績がトップで、会社の営業利益の2割以上を1人で稼ぎ続けている

上司に言われたことを一度やっただけで、人事考課が最高レベルになったらどう感じるでしょうか？

逆に、10年以上、目標の3倍以上の結果をたたき出したトップセールスが、上司から「ありがとう」の一言しかもらえなかったらどう感じるでしょうか？

どちらも貢献レベルと承認レベルがマッチしていません。

承認の2つのポイント

したがって、承認のポイントは、

◎**水準**
◎**期間**

この2つです。

組織に貢献した水準、度合がどのレベルに達しているか。そしてその水準の貢献がどれほどの期間、持続しているか。

この「かけ算」で承認レベルは高くなっていきます。

長期間にわたって、とても高い水準の貢献を組織にもたらす人は、評価されて当然です。反対に、あたりまえのこと、やるべきことを一度や二度やっただけで承認されることはないのです。

上司から「お疲れさま」と言われることはあっても、「ありがとう」「よくやった」などと声をかけられることはありません。

組織に入って1年や2年では、それほど大きな承認はもらえないのが自然です。**貢献レベルと承認レベルがマッチしていないと、人は「認知的不協和」を起こします。**

そうすると論理思考が衰え、何をやってどのような承認をされるのかがわからなくなります。ひどい場合は思考が反転し、「承認されないと貢献できない」という思考になるので注意が必要です。

絶達ポイント

「水準」と「期間」を基に、貢献のレベルを測り、正しく承認する。

短期間で結果を出す「高速テストマーケティング」

「一発勝負」は高いリスクが伴う

私が企業の現場に入り、「場の空気」を正しく変革できたら、次に意識するのは、**「高速テストマーケティング」**です。これは、マーケティングマネジメントを超高速に回していくことです。

過去に達成したこともないような目標を設定し、それを達成させるためには、「何を」「どこまでのレベルで」「どのくらいの回数」実践すればいいのか？

そのこと自体、誰もわかりません。つまり、目標を達成させる上で仮説を立てるときに、**「現時点で何がわからないのか、そのこと自体、誰もわかっていない」と自覚すること**が大切です。

この謙虚な姿勢なく、短期間で高い山を登ろうとするのは、リスクがありすぎるのです。

たとえば、「どこかのお店の味を再現したい」と考えたとしましょう。しかし、そのためのレシピが手元にない。レシピがないのであれば、自分なりに考えて食材や調味料を集め、片っ端から実験するしかありません。

この実験も適当にやるのではなく、過去の経験をもとに、真剣に考えながら、そしてメンバーと相談し合いながら**「高速実験」**を繰り返します。

この「高速実験」の反対は、**「一発勝負」**。一発勝負で成功しようとすると、いろいろな調査が必要ですし、準備にとても時間がかかることになります。

新規事業で10億円の売上を2年で作りたい、新商品を1年間で100社に導入したい、という目標であれば、「一発勝負」に出るのはとてもリスキーです。

高速実験するチームメンバーの選択基準

それでは、高速実験をするためのポイントを整理していきましょう。
まずメンバー選びです。3つの選択基準があります。

①2〜3人の「少人数」でグループを形成すること
②知識よりも「体力」があるメンバーを集めること
③「絶対達成マインド」があるメンバーを集めること

高速実験を繰り返すには、スピーディーに行動できるメンバーのみのグループを作ることが重要です。メンバーに達成マインドがあることは当然ですが、意欲があれば行動スピードが速くなるわけではありません。「体力」が重要なのです。

ここで言う「体力」とは、**「脳の基礎体力」**を指しています。

なお、**意欲はあるのに、スピードが遅い、同じ行動を継続できない**という人がいます。これは性格というより、トレーニング不足です。

結果から逆算した行動をとってきた歴史がない人は、**「脳の基礎体力」**が落ちている可能性があります。

メンバーを選択するとき、ついついその人の知識、実力に焦点を合わせてしまいがちですが、「体力」があるかどうかの見極めは、「高速実験」する上で非常に重要です。

正しいコスト意識を持った高速実験

また「高速実験」をするためには、当然コスト意識を正しく持つことも忘れてはなりません。

コストには**経済的コスト、時間的コスト、精神的コスト**の3種類があります。高速に実験を繰り返すわけですから、経済的コストと時間的コストがかかるマーケティング活動をすることができません。つまり、**精神的コストがかかるようなアプローチ手**

法を選択することが基本。

この精神的コストを克服できるメンバーが少人数でグループを形成し、短期間で高速実験を繰り返すと、「何を」「どこまでのレベルで」「どのくらいの回数」実践すれば期待どおりの結果が出るのか、というレシピができあがります。そして、そのレシピを組織全体に広げることで、精度を上げていくのです。

私が新しい事業を立ち上げるとき、定期的なミーティング、役職者を集めた会議などはやりません。2〜3人だけを集めて、電話とメッセージのやりとりだけでマネジメントサイクルを一定の結果が出るまで高速に回します。

「組織一丸」よりも、まずは少数精鋭の部隊で正しいレシピ――**「勝利の方程式」**を短期間で作り上げましょう。それが短期間で結果を出す、最適な手法です。

絶達ポイント

少数精鋭による「高速実験」は、短期間で結果を出す上で重要。

葛藤があるから成長する

組織の成長サインは「衝突」、個人の成長サインは「葛藤」

期限とノルマをロックする（38ページ参照）やり方に対して、「部下が萎縮する」と拒否反応を示すマネジャーがいます。

「このやり方は厳しすぎます。行動計画といったって、いろいろと状況が変わるでしょうし、計画に縛りつけてしまうと、ストレスでうつ病になってしまいますよ」

といった具合です。

本当にそうでしょうか？

「ロックしますか？」と問いかけられたら、自分の中から「葛藤」が湧き上がってきます。コミットしようとするのですから、当然です。

ここで、

「わかりました……。ロックします」と、**ためらいながら返事することに意味がある**のです。

なぜなら、葛藤を乗り越えることで、人は成長するからです。**人が成長するサインは「葛藤」**です。**組織が成長するサインは「衝突」**です。

映画もテレビドラマも、観ていれば必ず主人公は葛藤しますし、誰かと衝突します。ほとんどのドラマは主人公の成長ストーリーだからです。

気弱な営業、Aくんの場合

あるガス器具販売の会社に研修で入ったとき、会議の最後に、営業がそれぞれ全員の前で訪問件数（KPI：キー・パフォーマンス・インジケーター）をプレゼンテーションしました。

「月間200件、訪問します」

「月に185件、お客様と接触します。ロックします」

多くの営業が200件前後のKPIを宣言するのに、1人だけが、

「私は月に1000件、やります」

と答えました。

その場にいた社長も営業部長も、「そんなにできるのか？」と問い質しました。先月まで50件や60件程度しかやっていない営業だったのです。

しかし、その営業は「やります」と答えるのです。私は「危険だ」と察しました。この営業は、葛藤せず言っている。口だけで、本当にやる気はないのだろうと受け止めたからです。実際に、あとでその営業に質問してみると、

「1000件なんてやるわけないですよ。こんなバカバカしい研修、受けてられませ

ん」

と言うではありませんか。営業部長にそのことを伝えようか悩みましたが、私はしませんでした。ただ、

「あの1000件と宣言した営業さん、気をつけてくださいね」

とだけ助言しました。

当社のサービスポリシーは、「コンサルティング」と「研修」とを明確に分けています。コンサルティングに入る場合は、支援先の営業の自主性を重んじません。半ば強制的に動かします。やりきる習慣が定着するまで介入します。

しかし、研修形式のサービスであれば、研修受講者の自主性を重んじます。

「本当にやりきることができるKPIを宣言して、ロックしてください」

とは言えますが、

「1000件と宣言したんだから、絶対にやりきってください」

と詰め寄ったりはしません。

1カ月が経過し、次の研修の日、私は朝から憂鬱《ゆううつ》でした。

「どうせ1000件やりますと言った営業は50件ぐらいしか訪問していないだろう。本人がやらないと言っていたんだから間違いない。場の空気が悪くなりそうでイヤだな」

と思っていたのです。

ところが、その営業はやりきったのです。1000件の訪問回数を、です。最も葛藤したのは、本人ではなく、上司の営業課長だったようです。

なぜなら、営業課長が、あの研修の後「私も彼と同じように1000件の訪問をやります。ロックします」と会議で宣言したのだそうです。そして、

「お前だけ1000件やるんじゃなく、俺も1000件の訪問をやる。一緒に頑張ろうな」

と声をかけたそうです。

「あの横山って講師は、お前が1000件回ると本気で思っていない。だから鼻を明かしてやろう」と。

月に1000件もお客様を回っても、営業成績は上がりません。しかし、紛れもな

く私は驚かされましたし、社長や営業部長、そして他の営業からも一目置かれる存在になりました。

「あいつ、意外とやるときはやるな」と。

営業と、その上司である課長との間に、多くの衝突、そして葛藤があったでしょうが、それを乗り越えた結果ですから、この体験がその後の糧になっていったのは言うまでもありません。

大切なのは、組織の目的を達成させることだけではなく、その過程において、**どれだけ個人が「考えたのか」**ということです。

自分を成長させるためにも、部下を成長させるためにも、必ずロックさせましょう。

絶達ポイント

「葛藤」の中に身を置いて、自分自身で「考える」からこそ、人は成長できる。

第4章

絶対達成の予材管理

「予材管理」とは何か？

「最悪でも目標達成する」マネジメント手法

「予材管理」は、最低でも目標を達成させる新しいマネジメント手法。多くの企業で実施されているマネジメント手法とは、根本的に発想が異なります。なぜなら、**「目標達成を目指す」ものではなく、「最悪でも目標達成する」**ための方法論だからです。

この手法を取り入れることで、キツいと思う営業が増えたり、労働時間が長くなったりすることはありません。なぜなら、**発想の転換をする**だけだからです。

「予材管理」の「予材」とは、予定している材料のことを指します。

「予材」は、次項（287ページ）でさらに詳しく触れますが、**「見込み」「仕掛《しかか》り」「白地《しらじ》」**という3つから構成されています。この「見込み」と「仕掛り」を合わせて、目標の100％をはるかに超えていることが大切なのです。

目標を達成させるための「材料」をあらかじめ仕込む

「予材管理」の考え方は、資格試験の合格を目指す発想と似ています。

資格試験は、どんなに努力しても、合格基準を超えないと資格を取得できません。

しかし、当日までどのような試験問題が出るかわからないので、どんな問題が出ても対処できるように日々勉強をします。限られた時間の中で正しい回答が書けるように、訓練を繰り返します。不合格というリスクを避けるためです。

「予材管理」もまったく同じです。

「最低でも目標はクリアする」という発想ですから、**「目標未達成」というリスクをヘッジするために、1年かけてあらゆる対策を取っていきます。**

あたりまえですが、商談の成約率は100％ではありません。アテにしていた案件がライバル会社に取られても、お客様の都合で仕事が来期にズレ込んでも、取引先の経営が悪化して注文が激減しても、**目標を達成させるための「材料」をあらかじめ仕込んでおく**必要があるわけです。

ところが、ほとんどの企業で、そうはなっていません。「目標未達成」に対するリスクヘッジが、まったくなされていないのです。

これでは、「うまくいけば目標達成」「市況が変化すれば目標未達成も仕方ない」という結果になるのも当然です。

絶達ポイント

「最悪でも目標達成」するために、あらかじめ「材料」を仕込んでおく。

見込み、仕掛り、白地

3つの予材

「予材管理」の「予材」は、「見込み」「仕掛り」「白地」という3つで構成されています。

◎**「見込み」**……ほぼ間違いなく受注できる案件。「前期に口頭で内示をもらっている」「毎年決まった時期に追加発注が必ずある」といった確実に計算できる材料のこと。

◎**「仕掛り」**……現在仕掛かっている予材のこと。商談や案件と名の付くものすべて。受注確率は関係なく、お客様が認識しているものすべてを「仕掛り」の予材と呼ぶ。

◎**「白地」**……その名のとおり、真っ白な状態の予材。お客様もまだ認識していない、営業が勝手に立てた「仮説」。

以前、私のセミナーに来たお客様の中に、

「予材管理をやっているのですが、2倍にまで仕込むことなんて不可能です。どうしたら2倍になりますか?」

と質問してきた方がいます。

よくよく聞いてみると、「見込みは80%の受注確率の案件、50%以上が仕掛りで、20%以上の確率で取れそうな予材を白地にしています」とのこと。

受注確率で「見込み」「仕掛り」「白地」を区別するのであれば、普通の「案件管

「予材」とは何か?

POINT

- チーム内では、「予材」はすべてオープンにする
- 「予材」は目標予算の200%積んでおく

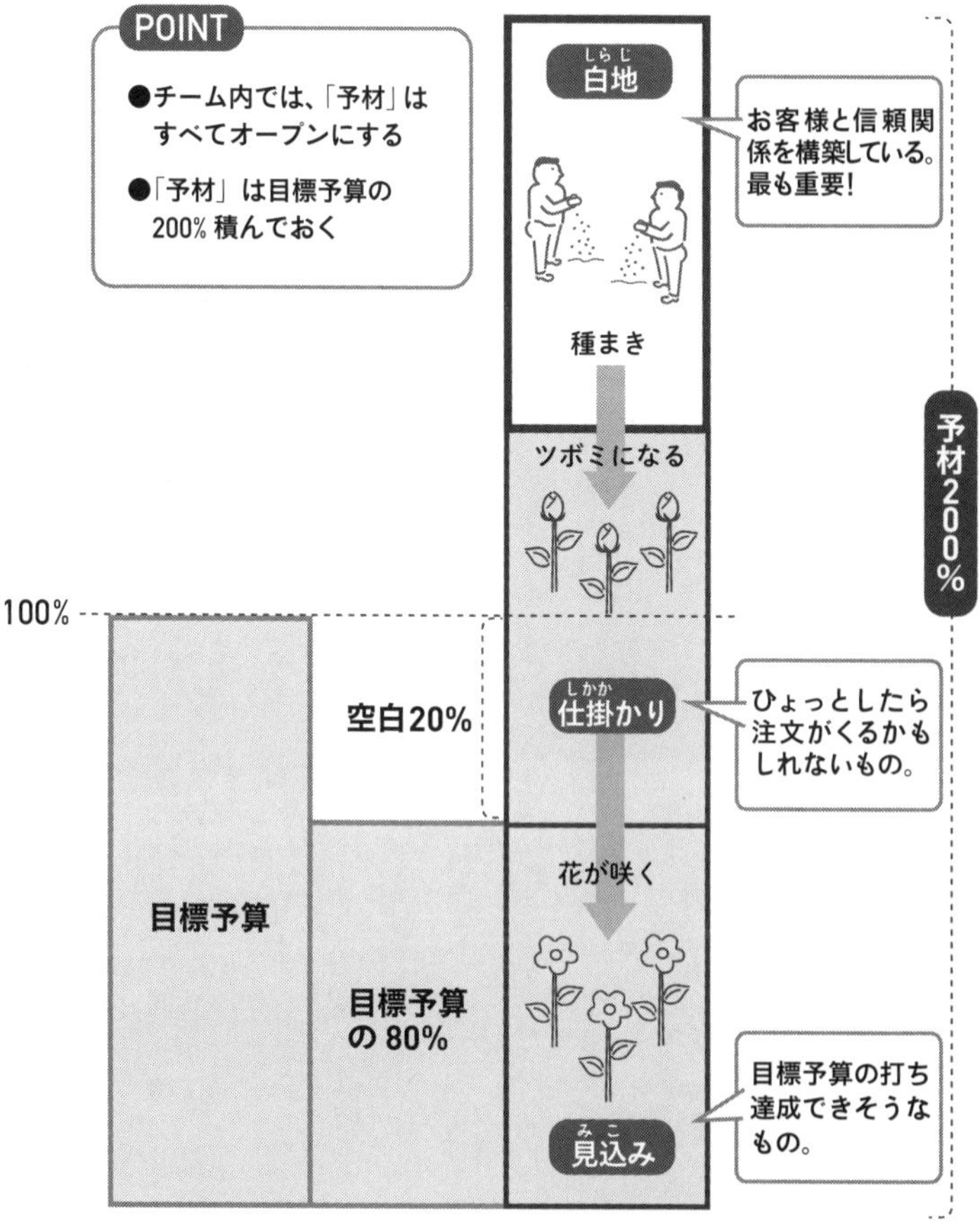

目標予算 × **2** = **予材**(見込み+仕掛り+白地)

※拙書『絶対達成する部下の育て方』の図を基に作成

理」です。

具体的になっている案件を、目標の2倍も積み上げるなんて現実的ではありません。

予材管理の3つのポイント

これらを踏まえて、いくつか大事なポイントを見ていきましょう。

大きく3つのポイントがあります。

①目標を常に意識し、「見込み」を常に把握する

目標数字があって「このままなら85%くらいで落ち着きそうだな」という状況があったとき、この85%の部分を「見込み」と呼びます。

そしてこのとき、目標数字と「見込み」の間には、15%の空白があります。

人は、脳に空白があると、埋めたいという心理欲求が働きます。これを**「脳の空白の原則」**と呼びます。

ですから、目標数字を常に意識し、その上で「見込み」を常に把握することがとても大切です。

②絶対ルール！「予材」はすべてオープンにする

予材管理は、「開かれた営業」を目指しています。当然ですが、自分が見せたいものだけを「見える化」するのはいけません。

予材はすべてオープンにし、2倍をキープできるよう、常に入れ替え作業をしていきます。

③実績が目標を超えるトップセールスでも、2倍の予材を仕込む

たまに、「私は目標を達成する見込みなので、2倍の予材を仕込まなくてもいいですか？」と質問してくる人がいますが、そんなことはあり得ません。

組織で営業をしているのであれば、自分が目標を達成していればそれでいいなどということはないのです。

チームが負けているのに、ある選手が「自分は四打数二安打だから役目は果たした」と言ったらどうでしょうか？

全員で組織の目標を絶対達成させるのです。

私が現場でコンサルティングをしていて痛感するのは、トップセールスの人ほど、「フォア・ザ・チーム」を貫くということです。

他のメンバーの実績が伸び悩んでいるのなら、自分がもっと仕事を取ってこようと思うものです。自分の目標さえ達成すればいいだなんていう発想の営業は、真のトップセールスとは言えませんし、そういう人がいると、組織の「空気」が悪くなります。

絶達ポイント

「予材」はすべてオープンにし、組織全員が2倍の予材を仕込む。

「案件（商談）管理」と「予材管理」の違い

予材管理で、3つのポテンシャルを見える化

一般的な企業で使われる「案件管理」「商談管理」という言葉は、発生した案件・商談を見える化して、管理します。

これに対し、「予材管理」は、まだ発生していない案件・商談をあらかじめ積み上げ、見える化し、管理します。

「予材管理」の利点は、**「ポテンシャル」が見える**という点です。

このポテンシャルには、**「お客様のポテンシャル」「営業のポテンシャル」「目標達成のポテンシャル」**という3つがあります。

お客様のポテンシャル

お客様から具体的な話が来ていなくても、このお客様にはどれぐらいの「予材」が眠っているのか、**お客様のポテンシャルをあらかじめ推し量る**ことはできるでしょう。

発生している案件だけでは、そのお客様に対してアプローチし続けていいのか判断ができません。

営業は行きやすいお客様にだけ足を向けるべきではなく、まだ具体的な案件が発生していなくても、ポテンシャルのあるお客様と接触し続けるべきです。

そのお客様のポテンシャルを知る上で、予材管理はとても有効です。

営業のポテンシャル

予材管理は、営業のポテンシャルを知る上でも力を発揮します。

営業部長が「今期は、新しく開発したセキュリティサービスに力を入れる。重点顧客に対して積極的に提案していこう」と言ったとします。

営業全員が「わかりました」と言ったにもかかわらず、予材管理シートにこの「セキュリティサービス」の予材がまったく書かれていなければ、その営業には、その新サービスを売る気がないということがわかります。

「案件管理」であれば、「重点顧客に対して積極的にソリューション提案をしているのですが、反応は鈍いですね」と言い訳もできますが、「予材管理」では無理です。

なぜなら「白地」として、「このA社にはセキュリティサービスで200万。B社には450万。C社には280万」などと記すことができるからです。

絵に描いた餅ではいけませんが、「お客様のポテンシャルを考えれば、当社のサービスが採用される余地はある」と**「仮説」を立てられる**のです。

会社や上司の方針を表面的には肯定しておいて、実は自分勝手に行動している営業は、**「予材管理シート」**を書かせるとすぐにわかります。

日頃から何も考えずに営業活動をしている人にとっては、危険なツールと言えるでしょう。

反対に、日頃から考えて考えて考え続けても結果の出せない営業には、最高のツールです。

結果や案件の数だけでなく、**目標に焦点を合わせ、日頃からしっかり考えて行動していることが「見える化」される**からです。

したがって、目標に焦点を合わせていない営業、日頃から何も考えず、できない理由ばかり口にする営業は、「予材管理」を導入することを強硬に反対するでしょう。

どんなに白地は仮説だ、と説明しても、

「目標の2倍の予材なんてどこにあるんだ。意味がわからない」

「他の業界ならともかく、うちの業界にこのやり方は合わない！」

と言い出します。このことから、営業本人のポテンシャルがわかるようになるのです。

目標達成のポテンシャル

3つ目のポテンシャルは、目標達成のポテンシャルです。つまり、目標を達成する可能性が見える化する、ということです。

これはマネジャーのみならず、経営者にとってもすごくありがたいはずです。

発生している「案件」しか管理していなければ、マネジャーは、

「あと3カ月で900万をつくらないと、君の目標は達成しないが、大丈夫なのか？」

と聞きたくなります。部下も、

「とにかくあと3カ月、無我夢中で頑張るしかありません。最後まであきらめず、できる限り目標に近づけるようにします」

としか答えようがないでしょう。

それを聞いて上司が「最後まであきらめない姿勢が大事だ」などと言っていたら、単なる精神論の掛け合いです。

もし予材管理を導入されているのであれば、マネジャーは、

「あと3カ月で900万つくらないと、君の目標は達成しない。仕掛りの予材が2200万あり、白地の予材が3120万ある。過去の予材コンバージョン率から考えると、達成見込みと考えていいな」

と言うだけで終わりです。

部下も「はい。今期は達成見込みです」と答えるだけ。

常日頃から予材を仕込む努力をしていれば、上司が部下に
「本当にこれで目標が達成するのか?」

「行きやすいお客様にばっかり顔を出してるんじゃないのか」

などと詰め寄る必要もなくなりますし、期末になってからバタバタすることなどありません。

予材管理は、定着するまで慣れないでしょうが、定着さえしてしまえば、マネジメントにおける多くのストレスから解放されます。

「予材管理」は「開かれた営業」を目指すマネジメント手法です。閉ざされた「個人商店」的な営業活動からの脱却をはかっていきましょう。

絶達ポイント

「案件管理」「商談管理」では、「ポテンシャル」を見える化できない。

なぜ目標の2倍なのか？

まず、「見込み」を明らかにする

「予材管理」とは「最低でも目標はクリアする」という発想であると述べました。

そして「見込み」「仕掛り」「白地」の3つを合わせた「予材」は、目標の2倍まで仕込むのが基本です。

目標が毎月1000万円だとすると、毎月2000万円の「予材」を仕込んでおくのです。正確には、**「見込み」と「仕掛り」は積み上げ、「白地」は引き算で算出**します。

まず第一に、「見込み」を明らかにします。

「見込み」とは、「このままいくと、年間でどれくらいの数字が見込めるか」を数値で表したものです。


たとえば、朝10時にお客様のところへ車で行こうとしている最中、考えますよね。

「このままだと何時に到着するかな」と。9時45分に着きそうなら問題ないですが、渋滞にハマってしまい、到着時間が10時5分になってしまうようなら、どうすれば間に合うかを考えるはずです。

「何時に到着するかなんてわからない。とにかく前を向いて運転するだけだ」なんて考えていたら、想定外のことが起こったとき遅刻リスクが高まります。ただでさえ営業活動は想定外のことが連続して起こります。

「このままいくと、今期はどれぐらいで着地するだろうか」

と常日頃から考えるのは当然のことです。**目標に焦点を合わせて営業活動**をしている人なら、誰でも答えられるでしょう。

しかし、意外にも多くの営業が「見込み」をいい加減に積算しているのです。「このままいくと、今期末にどれぐらいの実績になるかだなんて、わかるはずがない」と平気で言う営業もいます。

常に受け身で営業している人の思考パターンです。

前述したとおり、「見込み」はほぼ確定している予材です。後述する**「予材コンバージョン率」が100%のものだけ**を仕込んでください。

「見込み」を確定させてから、「仕掛り」をすべてオープンにして積み上げてみます。

「見込み」＋「仕掛り」＋「白地」を目標の2倍に

1億円の目標に対して、「見込み」が8300万円、「仕掛り」が4200万円だったとします。「予材」は、1億円の2倍の2億円ですから、残りは、

2億円－8300万円－4200万円＝7500万円

です。この残りを「白地」に設定します。

どんなに予材を仕込んでも、成約率が100%になることはありません。案件がライバル会社に取られる、お客様都合で来期にズレ込む、取引先の経営悪化で注文が激減する……といったさまざまなリスクがあります。

けれども、**3つの「予材」の合計が目標の2倍あり、「白地」を「仕掛り」や「見込み」に変える努力を怠らなければ、大きなリスクが生じても目標達成の道筋が見えてきます。**

3つの「予材」の合計が目標の2倍にする「予材管理」は、入社したばかりの新人でもできます。経験、知識のない業界でも、考えるというステップは踏めるからです。

ただ、実際に2倍の「予材」を1人で積み上げられるのは、組織論「2：6：2の法則」からして上位2割の営業だけでしょう。

自分のアイデアで180%しか積み上がらないのであれば、過去の体験が豊富なマネジャーがサポートします。そして、営業全員1人の例外もなく、2倍の予材を仕込むのです。

なぜ目標の2倍なのか？

予材管理に関する質問で、最も多いのが、

「なぜ目標の2倍も必要なのか？」

です。

目標を絶対達成させるために、目標を大きく上回る「予材」をあらかじめ仕込んでおく必要があることは理解できる。しかし、なぜその合計が「2倍」にまで達しなければならないのか。これは、多くの方に質問されます。

そのたびに私は次の一言で一蹴します。

「2倍はわかりやすいから」

108ページに書いたとおり、営業活動をする上で「完璧主義」の発想はやめましょう。**目標ぴったりに達成しようと思わない**ことです。

営業は、他の職種と異なり、大ざっぱな発想が必要です。もっと心を広く、大きく持ち、寛容でなければなりません。

お客様から断られても「次があるさ」と考える気持ち。お客様から無理難題を言われても「何とかその要望を叶えられないか」と思える広い心が必要なのです。

したがって、大ざっぱでアバウトな思考パターンは、営業にとって大切な素養です。

「予材管理」は、目標未達成を絶対に回避するためのリスクマネジメント手法です。資格試験の合格を目指す人と同じで、**目標を「達成さえすればいい」という「達成主義」の発想**で営業活動をすべきです。

予材を2倍にすることで、経済的コスト、時間的コスト、精神的コストが2倍になるわけではありません。労働時間が増えるわけでもなく、ストレスが増えるわけでもないのです。

絶達ポイント

「ちょうど達成させる」という発想から脱却するために、「予材」を2倍仕込む。

「予材資産」を作る

予材管理を始める前に「予材資産」を蓄積する

「白地」は、「予材管理」の中で最も重要な要素です。

先述したとおり、白地は引き算で生まれた「空白」地帯です。

この空白地帯を埋めるために、営業はお客様のところへ向かう——と言えます。

どうすればこの空白を埋められるかを常に考え、行動するのが、営業の仕事。社内にいてパソコンにばかり向き合っていては、この空白は埋まりません。

100社を2カ月で回るのか、展示会で50人のキーパーソンと名刺交換するのか、**成果に結びつく行動が求められます。**

これまで「目標の2倍の予材を仕込め」と書いてきました。

では、その予材はいつ見つけてくれればいいのでしょうか？

今期に入ってから、今期の目標を達成させるための予材を探そうとして、探せるものでしょうか？

そういうケースも多々あるでしょうが、**短期間、営業活動をしたからといって、目標の2倍の予材が見つかることは、常識的に考えてありません。**

予材管理をはじめ、1カ月もしないうちにすぐ挫折する会社があります。その理由のほとんどは、「予材を2倍にまで仕込めない」からです。

「予材管理を始めよう！」と決意し、すぐに予材管理を始められる人はほとんどいません。

不動産投資と同じで、「不動産投資をしよう！」と思い立っても、多くの人はいきなりできないですよね。不動産をすでに所有しているか、潤沢な資金を準備することが第一です。資産がなければ、借金して投資を始めることになります。そんなリスキーなことを、まともなコンサルタントが勧めるはずはありません。

予材管理も、潤沢な資産がなければいきなりスタートできません。管理するための「予材」がないうちから「予材管理」をしても、目標未達成というリスクを回避することは困難です。

したがって、予材管理を始める前に、まずは**「予材資産」**を蓄積しておきましょう。

「予材資産」を増やすカギ

では、予材資産はどのように増やすのでしょうか？

それは、**大量行動**です。

予材ポテンシャルのあるお客様に対する大量行動、大量接触です。つまり、**「種ま**

き」「水まき」なのです。

今期、仕事をもらえるかどうかは別です。ポテンシャルがあるお客様のところへ**単純接触を繰り返し、ラポール（信頼関係）を構築する**こと。

こうすることで、「予材資産」が高まります。

目安として、**1年間に必要な予材の2倍の予材資産を常に保有**しておきましょう。

つまり、単年度の目標の4倍の予材資産を仕込んでおくのです。

そうすれば、新たな期がスタートし、

「今期の目標の2倍の予材を明日までに仕込むように」

と言われても、慌てることはありません。すでに潤沢な資産があるからです。

手元に3000万しかないのに、5000万の不動産投資はできません。2億、3億の資産があるからできるのです。それと同じ発想です。

不動産投資をして安定した利潤を手に入れたいなら、一所懸命働いて、お金を貯めるのです。**予材管理をして毎年、目標を絶対達成したいなら、大量行動しかありません。**

ところが、多くの営業は、大量行動を嫌がり、「量を増やさず、中身で勝負します」「量はこのままで、質をアップさせます」と言います。

しかし、**まずは量**です。ここはブレてはいけません。

「予材管理」と大量行動はセットです。

絶達ポイント

大量行動で「予材資産」を増やす。予材が足りないのに中身で勝負しない。

営業は、「種まき」「水まき」

「大量行動」の勘違い

以前から大量行動の必要性を書籍やセミナーで解説してきました。

しかし、「大量行動」と聞くと、同じお客様に大量訪問したり、ひどい場合は「大量売込み」をしてしまう営業も出てきてしまいます。

したがって、誤解されないよう大量行動ではなく、**「超行動」**という表現を使って発信することも多くなってきました。

「超行動」は、面の行動です。

縦軸に軒数（顧客の数）、横軸に回数（接触回数）を設定し、この二軸で作られる面の中で行動していきます。顧客ごとの接触回数を足し合わせると、総アプローチ数になり、これを**「件数」**と呼びます。

1カ月に200件の訪問といった場合、20軒の顧客に10回の訪問を意味することもあれば、100軒の顧客に1、2回訪問するやり方もあります。

いずれにしろ、行動量は、爆発的に増えます。

お客様への接触件数を**「KPI」**とし、接触の間隔（インターバル）を**「KPIインターバル」**として組織で具体的な基準を決めていきます。

たとえば、営業1人の月間KPIを200件、KPIインターバルを1カ月とすると、200社のお客様に1カ月に一度接触し続けます。

これを**「KPIカウントシート」（http://frstp.jp/bible より無料ダウンロード可）**で見える化し、個人の勝手な判断で、行ったり行かなかったりしないよう組織で管理します。

大切なことは、**「予材資産」を増やすための行動をする**ことです。

超行動は、投資活動と似ており、市場の変化に一喜一憂することなく分散投資を続けるのです。ポテンシャルのあるお客様に種をまき、水をまくことが予材を増やす一番の近道です。

間違っても、今期仕事をもらえるかどうかで、接触先を決めてはいけません。

短期的な視点で物事を考えていると、「自転車操業」と言われる、こぎ続けないとパタンと倒れる会社になってしまいます。

業績を安定化させ、余裕のある経営をするためには、中長期的な視点で物事をとらえ、今期だけでなく、来期やそれ以降の未来に花が咲くようなお客様との関係構築を目指すのです。

「種まき」と「水まき」の作法

ポテンシャルのあるお客様を見つけたら、会いに行ったり、イベントを企画して来てもらったり、何らかの方法で**最初の接触**をしましょう。

これが、「種まき」です。

「種まき」は読んで字のごとく、種をまく行為ですから、一度だけです。

「当社は種まきばかりしている」という経営者とたまにお会いします。展示会やセミナーは積極的に開催するのですが、**最初の接触で売り込み、それでうまくいかないとすぐに他のお客様を探そうとするやり方は、間違っています。**

ポテンシャルのあるお客様と出会ったら、そのお客様との接触はずっと続けていきます。たまたま対応した窓口の方の反応がイマイチだからといって、その方がお客様ではありません。相手が決裁権を持った経営者などであればともかく、そうでなければ、いちいち相手の反応に一喜一憂する必要はありません。

「間に合っています」と言われても、それは、ラポールを構築できていない営業に対して条件反射で出てくる常套句《じょうとうく》です。しつこく食い下がることなく、もちろんあきらめることもなく、次の「水まき」活動へ移行すればいいのです。

「水まき」は、**単純接触**で行ないます。

顧客の元に長い時間滞在せず、**ただ顔を見せる**のです。名刺や資料を置いてくるだけでもいいし、近くに来たと言って挨拶するだけでもいいのです。たとえるならば、単純接触とは、「霧のように優しく水をまく」活動です。

単純な接触機会を連続して持つことで、顧客との関係は良好に発展していくことは、実験からも証明されています。

コツは、時間をある程度あけて、接触し続けること。

たとえば、毎月1回、少なくとも5カ月間は通い続けることで、徐々に関係が温まっていくのです。

営業が居座ると、お客様は「こっちは用がないのだから、いちいち来るなよ」という顔をするものです。「何かあればこっちから連絡します」と言われることもあるだろうし、居留守を使われることもあります。

ところが、「単純接触で顔を見せるだけで帰る営業だ」と相手もわかれば、それほど煙たがられません。

そして、3回や4回に1回ぐらいは、長めに話を聞いてもらえる可能性が出てきます。

すんなり新規開拓できた相手ほど、長いお付き合いにはなれないものです。**時間をかけ、粘り強く接触して取引を成立させた相手のほうが、結局は長いお付き合いになります。**

「種まき」「水まき」は、将来への投資です。

長年怠っておいて、慌ててやり始めてもすぐに結果を出せるはずがありません。これまで新規開拓を先送りしたツケが溜まっているのですから、時間をかけて行ないましょう。

絶達ポイント

「件数」を爆発的に増やし、単純接触効果を生かして、「種まき」「水まき」をする。

単純接触効果と2ミニッツ営業

「営業は、量より質」と思っているあなたへ

「営業は量より質だと思います」

「営業の質とは、お客様が本当に求めるものを提案することです」

「お客様のことを考えてきちんと準備することが、営業の質を上げることです」

などと答える人がたくさんいます。

単純に、量をこなしたくない言い訳をしているのです。もし言い訳ではない、とい

うのであれば、量をこなしてみてください。私が現場に入ってコンサルティングすると、こういう荒療治をするときもあります。

「営業の質が下がるというのであれば、下がってもいいいので、量をこなしてください」

すると、「そんな時間はない」とか、「あんまりお客様のところへ行くと、相手が嫌がる」などと、別の言い訳を始めます。「営業の質」の話はどうなったんだと聞きたくなります。

単にやりたくないから、「やりたくない」と言っているだけ。これが「現状維持バイアス」です。自分が「やりたくないことはやらない」と言う営業が、営業活動の「質」を上げられるものかと私は思います。論理的に物事を考えられない人が、お客様のために正しい提案ができるはずがないのです。

そもそも「質」の定義が間違っています。

「質」を上げるとは、「コンバージョン率」、つまり、受注率、成約率をアップさせることです。

成約率をアップさせる肝は、「量」です。「回数」です。とにかく「数」なのです。営業がお客様の問題点を探して何かを提案しようとしても、ラポール（信頼関係）が構築されていなければ、お客様は聞く耳を持ちません。聞く耳を持たない限り、相手に気づきを誘発させることもできません。したがって、「提案営業」などできないのです。

お客様に接触するのは、1回につき2分間

「予材管理」の「白地」を積み重ねるために、新規のお客様への訪問を増やします。その際に狙うのは、「単純接触効果」です。**労働時間を増やさずに、活動量を膨大に増やしていく**と、必然的にお客様との接触時間は極端に短くなります。

私は、この営業スタイルを**「2ミニッツ営業」**と名づけています。お客様に接触するのは、2分間という意味です。「超行動」の最大のポイントと言えるでしょう。

「単純接触」をしてほしいと言っているのに、1回につき30分も40分も接触する営業

がいます。こうなると「濃厚接触」です。そう誤解をされないために「2ミニッツ営業」という表現を使い始めました。

徹底的に「お客様に覚えてもらう」

古典的な顧客意思決定プロセスの「AIDMA」の最初の「A」の部分だけを狙っているのです。つまり、**「気づき」を与えるだけの行為**です。

「この営業はこういう名前で、こういう顔をしていて、こういう商品を扱っているんだな」と知ってもらうのです。単純接触なので、商品に「興味（I）」を持ってもらったり、「欲求（D）」を喚起させたりすることなど狙いません。

「インパクト×回数」です。何度も何度も接触をすることで、お客様に覚えてもらいます。

そして、お客様が、「そういえば、こういうことに困ってるけど、どこに頼んだらいいんだろう」と思ったときに、その営業の顔と名前が思い浮かべばいいのです。

「そうだ。あの営業が今度来たら聞いてみよう」と。

昔から「お客様に顔と名前を覚えてもらえ」と言われるのは、このためです。今も昔も変わりません。

そもそもお客様がその気になるのは、いつだと思いますか？

素人の営業は、商談中にお客様がその気になると思うのです。ですから、相手が興味なさそうな顔をしていてもおかまいなしに、一所懸命、商材の説明をしたり、提案を繰り返します。その結果「今は必要ないです」と言われると、自分の営業トークに問題があったのだろうか、商品の力が弱いのだろうかと思い込むのです。

それは、大きな勘違いです。

お客様がその気になるのは、営業と接触している最中ではないのです。それ以外の、何気ない時間に「そういえば……」とひらめくものなのです。

そのときに、「あの人なら何か知っているかもしれない」「あの人なら安心して聞ける。今度聞いてみよう」と思ってもらえるかどうかです。

売り込んでばかりいたら、お客様は安心して、質問もできません。

「超行動」は、「種まき」「水まき」と言いました。しかし、いくらお客様との関係に花が咲いても、実がなるかどうかは別。現実の世界よりも、実がなる数は少ないですし、いつ実を結ぶかも予測できません。

だからこそ、たくさんの種をまき、定期的に水をまき続けるのです。

繰り返し水をまき、お客様の意識を「育てる」

「2ミニッツ営業」の話をすると、たまに「2分間で何ができますか」とか「挨拶するためだけに何度も行ったら迷惑でしょう」と言ってくる営業がいます。

私はそういう人に対して、逆に質問したいです。

「2分以上、何をする気でいるんだ?」と。

10分も20分も接触するには、何らかの「ネタ」が必要になってきます。会う必要性が出てきます。

お客様にとって会う必要がないのに会うわけですから、2分以上も相手の時間を奪ってはいけません。「2分間」は、30秒CMの4倍の長さです。感覚だけでとらえず、実際に時間を計ってみましょう。意外と長いのです。

さらに、まだ名前も顔も覚えていない相手と2分間一緒にいたら、どのような居心地を覚えるでしょうか。

数回の訪問を経て以降も、お互いの間にラポールがまだ構築されていない場合は、やはり接触時間は短いほうがいいでしょう。

2分間の滞在なら許容範囲ですし、「この営業は押し付けがましくない」、「今忙しいが、すぐ帰るから会っておくか」と思ってもらえます。

これを繰り返し、繰り返し、実施するのです。

営業活動の本質

以前、機械メーカーの商社にコンサルティングをしたとき、若い営業さんから、こんなことを言われたことがあります。

「単純に、お客様の顔を見て挨拶して帰るだけなんて、こんなの営業活動じゃない」と。私が何か言おうとしたら、それを聞いていた営業部長が大笑いして言い返したのです。

「バカ野郎、それが営業活動って言うんだよ」

この会社は以前、私が提唱しているような「超行動」を実践していました。しかし、取扱商品の魅力で、お客様からの引き合いが増え、待っていても仕事が来るようになっていたのです。ですから、予材管理をやっても、ほとんどの営業は「白地」を書くことができません。当然「予材資産」なんて、いつも空っぽです。

お客様から声がかかり、お客様の言われたとおりに見積もりを出し、それをメーカーに伝えて納めることが営業活動だと思い込んでいたのです。

商品力がありすぎると、営業力が落ちる傾向があります。力のない営業は、必ず売れない理由を商品やお客様のせいにします。「売れない商品が悪い」「この商品の良さがわからないなんて」と。

「横山さん、目標は達成していませんが、あいつらでも、そこそこの数字を作っています。しかし、それが自分の実力だと思い込んでいることが、すごく残念です」

いわゆる「待ちの営業」をしている人は、自分で仕事を作っているわけではないので、その営業がいなくなっても、組織にそれほどのダメージはありません。

誰かに必要とされて、初めて人は幸せを感じるのです。自分がいなくなっても組織にそれほど痛手がないだなんて寂しいですよね。

ポテンシャルのあるお客様に種をまいて、水をまき続けることこそが営業活動なのです。

絶達ポイント

「2分間顔を出す」を繰り返すことで、相手との信頼関係（ラポール）が築ける。

「フィールドタイム」を設定する

パラサイト営業が増殖中

社内にばかりいる営業を「パラサイト営業」と私は呼んでいます。社内に寄生しているという意味です。

パラサイト営業は、社内の作業の合間に営業に出かけます。「時間があったらお客様のところへ行く」というスタイルです。営業がこうなっている企業は結構多く、しかも、それをやむを得ないこととして認めているマネジャーも多いようです。

しかし、サッカーを思い浮かべてもらえば、その異常さがわかるはずです。

パラサイト営業は、いわば、時間があるときにだけフィールドに出て行く選手。ようやく現れたかと思うと、たった20～30分プレイするだけで、すぐ控え室に戻ってしまうのです。

監督から「フィールドに出たまえ」と指示されても「ちょっと用事が」と言って出てきません。監督が控え室に怒鳴り込むと、「立て込んでいてフィールドでプレイする時間などない」と開き直るのです。

営業をパラサイト化させないための具体策が「超行動」。つまり、**「点」の行動を大量かつ連続的に積み上げ、地図を描き、フィールドを俯瞰《ふかん》していく活動**です。

社内にいられない分、どうすればいいか考えるようになる

では、「超行動」の第一歩として、まずすべきことは何でしょうか？

それは**営業の「フィールドタイム」、すなわち外に出てプレイする時間帯を、組織の中ではっきり決め、ルールにすること**です。

「朝10時までには会社を出て、顧客に向かってほしい」と社長が言っても、なんだかんだと理由をつけて、10時半や11時に出発する営業がいます。組織として10時出発と決めたら、全員10時出発――それより前に出発することはあっても後はない、とロックするのです。

帰社時間も決めておきます。よほど緊急のことがない限り、行きっぱなしでいい。帰社時間より前に戻ってきてはいけません。1日の間に客先と自社を行ったり来たりする営業がいますが、これなど論外です。

営業活動のフィールドタイムを全員共通で設定することで、社内にいられなくなり、その分どうすればいいかを考えるようになります。

制限と束縛があってこそ、創意工夫は生まれます。

逆に、行き過ぎた自由を与えると、人は考えなくなります。営業の自主性を尊重しすぎるのはよくありません。

外にいると、「考える」ことができない？

以前、

「終日駆けずり回っていては、考える時間をとれません」

とある営業課長から言われたことがあります。

「考える時間が必要だから、社内にいたほうがいいということですか？」

「そうです。ただバカみたいにお客様のところを回っていても意味がありません」

「それでは、考える時間は、どれぐらい必要ですか？」

「え？」

「ですから、社内にいて考える時間はどれぐらい必要なんですか？」

私にそう言われた営業課長は、「それは、ケースバイケースですよ」とか細い声で答えるだけです。

「それぐらい考えとけ！」

と社長に一喝されていましたが、考える習慣がない人は、「考える」という行為にどれぐらいの時間が必要かわかっていません。

日頃から考えていない人は、言動ですぐにわかります。社外にいると考えられないが、社内にいると考えることができる、というのは理屈に合いません。

ちなみに「第二の心臓」と呼ばれる、ふくらはぎや太ももは、血液を上半身に押し上げるポンプ役を担います。血の巡りを良くし、脳を活性化させるためには、座ってばかりいてはダメなのです。

「考えてから行動する」というパターンから卒業しましょう。

モバイルの時代なのですから、「行動しながら考える」習慣を身につけましょう。

絶達ポイント

営業活動のフィールドタイムを全員共通で設定し、移動しながら考える。

業務効率化は、「なくす、まかせる、短くする」

「総論賛成各論反対」論者に、ご用心

超行動により「予材資産」を増やそうとすると、「そんな時間がどこにあるんだ」と言う人がいます。

「目標は達成しないといけませんよね？」

と問うと、「もちろんです」とたいていの人が答えます。

「目標を達成させるために、予材管理を始めようと考えたんですよね？」

「そうです」

「予材を増やすためには、ポテンシャルのあるお客様への単純接触を続ける必要がありますよね?」

「おっしゃるとおりです」

「現在、既存のお客様への訪問回数が月に40回。これでは、新規顧客への水まきが足りないので、新規先への訪問を60回にし、合計で月100件の訪問が必要だと、先日の会議で決まりました」

「そうなんです。それはわかっています」

「それを実現するために、朝9時半から夕方の4時までをフィールドタイムとするはずだったじゃないですよね?」

「横山さん、それが無理だと私は言ってるんです。そう簡単じゃありませんよ」

「じゃあ、どうするんですか?」

「うーん……。月間の訪問件数を減らすしかないんじゃないでしょうか」

「さっきと言ってることが違うじゃないですか。それでは予材資産が増えないですよ」

「ですから……。私は以前から社長に言ってるんです。こんな目標、達成できないって。逆立ちしたってできない目標を言い出す社長が悪いんです」

これは、いわゆる**「総論賛成各論反対」**のパターンです。

目標達成や予材管理という「総論」は賛成するのですが、「月間訪問件数」や「朝9時半から夕方の4時までのフィールドタイム」という各論には反対するのです。

各論を反対するのなら、総論も反対すればいいのに、それができない。

日頃から考える習慣がない人は、抽象的な表現を具体化したとたんに思考が追いつかなくなります。

目標を絶対達成する必要があるかどうかは別にして、予材管理をすればいいかどうかも別にして、このような思考パターンで仕事をしていていいはずがありません。

このように、本格的に予材管理を始めると、経営者もミドルマネジャーも、そして現場の担当者も、いかに日頃から考えていないかがすぐにわかります。

フィールドタイムを厳格に守ることで業務が効率化する

私がコンサルティングに入ると、まずは営業の「フィールドタイム」を設定します。

たとえば、10時から16時としましょう。お昼休憩を1時間とすると、合計5時間。9時出勤で18時退社の会社であれば、残り3時間。

突発的なことは考えず、その3時間でどんな社内業務を毎日するのか、書き出していきます。

「提案書の作成とか、見積書を作ったりとか……。いや、でも毎日やるかな。電話対応？　そうか電話対応って、どっちかというと突発的な仕事か……」

「会議や打ち合わせがあるが毎日じゃない。メールも返信しなくちゃいけないけど……。移動中でもできるか」

毎日20時、21時まで残業している営業だと、5時間、6時間の社内時間があります。

「その時間、何をしているのか」ではなく、「その時間、何をすべきなのか」を書き出していきます。

「結果的に何をしているのか」などを洗い出しても、正しい「あるべき姿」をあぶり出すことはできません。

勤務時間14時間中営業3時間の営業パーソンを生み出した原因

以前、医療系の販売会社でコンサルティングしている際、フィールドタイムの設定を頑なに拒んだ営業がいました。

「毎日決まった時間に営業所を出て、決まった時間に戻ってくるだなんて、おかしい。当社はそんな営業はできない」

と言い張るのです。

実際にその営業の1日を眺めると、午前中11時半ぐらいに営業所を出て病院回りをし、昼の2時に戻ってきたり、夕方の4時ぐらいに帰ってきたりと、その日によってバラバラです。毎日の残業時間は多く、夜の10時、11時までオフィスに残っていることは日常茶飯事でした。

「夜の10時まで仕事をしているとすれば、9時出社ですから、昼休みとかを差し引いても1日13時間ぐらい働いている計算になりますね」

「定時は9時ですが、私は毎日朝8時には出社しています。それに昼休みを1時間も取りません よ。ですから、毎日14時間は働いていると受け止めていただいて結構」

長時間働いていることを自慢げに話すその営業に、社長や部長は怪訝《けげん》な表情をしていました。

「社外で営業している時間は、3時間ぐらいですか?」

「え!」

「そうですよね? 毎日11時半ぐらいに出て、夕方3時か4時ぐらいには戻ってこられていますから」

「そ、そうですね……。3時間ってことはないでしょう。4時間、かな」

「社外にいる時間が4時間で、社内にいる時間は10時間ってことでいいですか？」

「え？」

それを聞いていた部長がすかさず、

「毎日社内に10時間もいて、いったい何をやってるんだ？」と尋ねました。

その営業自身も「朝8時の出社」「夜の10時に退社」という認識はあったものの、「社外で4時間」「社内で10時間」という認識がないのです。

「会議や打ち合わせがあるだの、訪問の準備や提案書の作成があるだのと、これまでさんざん言ってたが、毎日社内で10時間もやることがあるのか？」

社長もあきれた口調で言いました。

残念ながら、このような仕事スタイルの人は、この営業だけではありません。この会社の大半の営業が、朝早くに出勤し、夜遅くまでオフィスに残っているのです。

これは、組織の「空気」です。

まわりがそのようなスタイルで仕事をしているので、理由などなく、それがいつしか「あたりまえ」になってしまっているのです。

コンサルティングに入った私は、その「あたりまえ」の基準を変えなければならないと強く思いました。

フィールドタイムを決めただけで、1カ月で残業時間を4時間削減

「いったいどんな仕事を社内でやっているのか、全部棚卸し作業をしろ」と管理部長が言いましたが、私は断固反対しました。

「そんなことをしたら、よけいに仕事が増えます。それに、**組織改革を進める上で重要なことは、過去を否定しないこと**です」

繰り返しますが、まず第一にフィールドタイムを決めることです。例外を認めてはいけません。

この会社では、朝10時から夕方5時までをフィールドタイムとしました。このフィールドタイムの時間内、適切な営業活動をしているかどうかは、まずは別問題です。

いきなりすべてを解決できませんでした。相変わらず、多くの営業が夜の10時までオフィスに残っています。

しかし、変わったことがあります。

それは、「社外で4時間」「社内で10時間」という、これまでの配分が、「社外で6時間」「社内で8時間」に変わったことです。

社内で10時間の仕事をしていたのが、8時間に減りました。しかし、誰も文句を言いません。業務になんの支障もないのです。

この状態から少しずつ退社時間を早めていきます。夜10時から夜9時にです。

そうすると、「社内で8時間」が「社内で7時間」になります。それでも、何も問題が起こりません。さらに、夜8時に退社させ「社内で6時間」にしても、問題が出ないのです。

残業はそれほど減りませんが、1カ月で社内にいる時間を10時間から6時間。つまり、1日4時間も削減できたのです。

社長は、「結局、これまでは意味もなく残業をしていたことが明らかになった」と言います。まさにそのとおりです。

私たちコンサルタントがクライアント企業のオフィスへ行って、1日その場にいれば、どれぐらい密度の濃い仕事をしているかは、人の動きを見ているだけでだいたいは判別できます。業界の特性など、ありません。

どんなに「必要な残業だ」と現場の人たちが力説しても、「そんなはずはない。残業をゼロにはできなくても、大幅に削減できる」と感覚的にわかるのです。

業務効率をアップするのに、業務分析や棚卸し作業をしても、ほとんど意味がありません。気休めにしかならず、根本的に改善されることなどありません。

なぜ「超行動」の習慣化が、業務効率化を促進するのか？

営業であれば、フィールドタイムを決め、厳格に進めてください。

そして、とにかく大量行動です。「超行動」を推し進めましょう。

フィールドタイムが6時間あれば、「水まき」活動はどれぐらいできるか？

移動時間が平均30分なら、11〜12件はこなせます。「2ミニッツ営業」だからです。

そのうち30分や1時間かかる商談が加わるのなら、7〜8件に落ちるかもしれません
が、意外にお客様を回ることができると言えるでしょう。

訪問計画をしっかり立て、移動時間を平準化さえできれば「超行動」など、それほど難しいことではありません。

インパクト×回数です。とにかく「超行動」を習慣化さえすれば、自然と業務は効率化します。

なぜなら、まず**「超行動」をすることで脳が活性化し、「考える習慣」が身につきます。**

やってみればわかりますが、6時間で12件のお客様のところへ「2分間」だけの接触をするだけといっても、そのプロセスにおいて、かなりいろいろなことを考えなければなりません。

どの道を通るか、電車をどう乗り換えるか。次のお客様にはどう挨拶しようか。何

かお客様から言われたらメモをとり、誰かに相談しなければならない。後でメールを書いておこう……など、かなり頭を使うのです。

夕方4時にオフィスへ帰ってきたら、もうヘトヘト。そこから夜の10時、11時まで残業できるかというと、できません。頭が働かないのです。

つまり、**夜遅くまで平気で残業できる人は、日中、頭を使って仕事をしていない可能性が高い**のです。ですから、社内に毎日10時間いても、何をやっていたかを思い出せないのです。

超行動が、ムダな仕事を吹き飛ばす

超行動は、最初は慣れません。

しかし、それでも**超行動を毎日続け、習慣化すると、ムダな仕事は自然と吹き飛ばされていきます。**

「やめざるを得なくなったのでやめてしまった。そうしたら、なくてもいっさい問題がないことに後で気づいた」

ということが出てくるのです。

おもしろいことに、超行動をして吹き飛ばされていった業務は、どの業界でも、どんな規模の企業でも似通っています。

まず、**「営業会議」「マネジメント資料」**が激減します。**「営業日報」**がなくなります。**「社内作業」**がアシスタントや営業部以外に任されます。

今までのやり方では、これ以上行動量を増やすのはムリという臨界点が見えてきたら、**「なくす」→「まかせる」→「短くする」の手順**で、さらなる業務改善を行ないましょう。

この手順は変えないでください。

そして、**「まかせる」仕事は、営業部内でたらい回ししない**ことです。

営業部長の仕事を営業課長に任せるとか、営業担当者の仕事を上司に任せるとか、です。任せる相手は営業企画部とか、管理部とか、その他の部署です。営業部の総社内業務時間を減らせないと、営業部全体の「種まき」「水まき」活動の総量が増えません。

営業改革をする上で、営業部だけが「現状維持バイアス」を外せばいいかというと、そうではありません。会社全体で、現状を変えていかなければならないのです。

絶達ポイント

ムダな仕事は、フィールドタイムの設定と超行動で、吹き飛ばせる。

営業日報は100%必要ない

とにかく一度やめてみる

ここから「なくす業務」の候補を順番に紹介します。

①会議

まず、ムダな会議はなくします。
時々、「○○さんがいい案件を取ってきたから、みんなに話してほしい」とか、「経営会議で取り上げられた内容をお伝えする」という理由で、会議に駆り出されることがあります。

これははっきり言って、必要ありません。メールや掲示板で十分です。

会議で大切なのは、過去の情報を共有することではなく、未来のこと、今後の計画を「どうするか」と考え、コミットしていくことです。そのコミットがない限り、行動は変わりませんし、目標も達成できません。

社内にいると、「11時から会議があるから君も出ないか」などと声をかけられる可能性が高まります。とにかく社内にいないことが一番です。

②マネジメント資料

マネジメント資料を作るときは、**運用から逆算する**ことが大切です。

資料の役割は、PDCAサイクルの「C」、つまり、検証です。

プランを立てて実行した結果を、資料を使って検証し、改善方法を考えます。ですから、モニタリングしないなら、資料を作る必要はありません。

営業の仕事は、お客様のところに行き、目標を達成することです。資料を作ることではありません。経理や総務、管理部門のように、完璧に資料を作る習慣はできていません。

それでも、作らなくてはいけない資料があるとしたら、その資料は、完璧に作るべきです。完璧ではない、中途半端な資料を作るぐらいなら、その資料は全部取りやめにしましょう。

そして、**資料はとにかくシンプルに作る**こと。ゴージャスなマネジメント資料を作る営業課長や部長とたまに出会いますが、「そんなに暇なんですか?」と聞きたくなります。

ゴチャゴチャした資料では、何に焦点を合わせたらいいかわからなくなります。1人1台パソコンが与えられて、やたらと凝った資料を作る人が増えましたが、自己陶酔型の資料作りはやめましょう。

③営業日報

営業日報は、100%必要ありません。

なぜなら、マネジャーが営業日報を見ても、目標を達成させるために何をすべきかわからないからです。

1日ごとにノルマを達成していく営業はいません。多くの営業は1年間の中で目標を達成させていきます。

それなのに、会社に帰ってきて、今日1日何をやったかと営業日報に打ち込んでいるうちに、なんとなく1日の仕事をやり遂げたような気持ちになります。

今日1日何をしたかではなく、目標を達成させるために何が足りないのかを見ていくことが大切なのです。

営業日報が100%必要ないのですから、営業週報は言わずもがなです。人間は20分で42%、1時間で56%のことを忘れてしまいますから、1週間何をしたか、どんなに頭をひねってもすべてを思い出せる人はいません。適当な資料を作るのも、読むのも、ムダです。

ただ、今までやってきたことをなくすのは、意外と難しいもの。

そこで、いきなりなくすのではなく、**「とにかく一度やめてみる」**ことをお勧めします。

「創業以来、営業はずっと営業日報を書いてきたのに、今さらやめるのか」と躊躇《ちゅうちょ》しても、まずは**3カ月中断**してください。

その上でやっぱり必要となったら、再開すればいいでしょう。それによって失うものは何もないはずです。

絶達ポイント

ムダな「営業会議」「資料作成」「営業日報」は、なくすべき。

ツイスター型チームになれ！

「そよかぜ型」と「ツイスター型」

営業は大きく**「そよかぜ型」**チームと**「ツイスター型」**チームの2つに分けることができます。

「そよかぜ型」のキーワードは、「社内」「会議」「残業」「パソコン」です。

とにかく社内にいます。何をやっているか、傍から見ていてもわかりません。とにかくパソコンに向かってキーボードを叩いているばかりの営業がたくさんいるチームです。スケジュールには常に会議が入っているため、会議のための打ち合わせ、会議のための資料作り、新規のお客様を訪問する前の社内のちょっとした打ち合わせが仕事になっています。お客様よりも社内でのデスクワークほうが、優先順位が高いのです。

ひどい会社になると、会議のための事前打ち合わせなどが文化になっている組織もあります。「今度の会議で、部長にどう説明するか、どういう資料を使うべきかを議論しよう」という感じ。お客様に向き合わず、こんなことを明けても暮れてもやっていたら、目標が達成しなくてあたりまえ。予材資産が増えるわけがありません。

一方、ツイスターとは、巨大な竜巻のこと。**「ツイスター型」**のキーワードは、「超行動」「朝の早出」「リアルタイムコミュニケーション」「モバイル」です。

営業1人ひとりが超行動することで、猛烈な風を起こします。

日中、社内には誰もいません。**目標を達成するという目的と自分のやるべきことが明確になっているため、**自然とムリ、ムダ、ムラのある作業が省かれています。

行動量を増やすためには「朝出」が不可欠です。

「ツイスター型」チームは、朝礼が終わったら出陣です。自分のデスクに落ち着いて、コーヒーなどを飲みながら朝の時間を優雅に過ごす、なんてことはしないのです。

上司も部下も、フィールドに出ています。コミュニケーションは常にリアルタイム。スマートフォンやタブレットを駆使し、出先から電話をしたりショートメッセージで細かくパス交換を繰り返します。

「ツイスター型」をお勧めする、これだけの理由

「ツイスター型」チームには、次のような特長があります。

①脳が活性化し、集中力が高くなる

朝、社内にいるかどうかは、1日の作業効率を決定する大切な要素です。脳内物質

のセロトニンは、朝の太陽光を浴びることによって分泌すると言われています。早朝から外出すれば脳が活性化し、集中力が高くなります。

②ストレス耐性がアップする

作業密度がとにかく濃いため、ストレス耐性が高いことが特徴です。ちょっとしたことではへこたれません。「目標の2倍の『予材』を仕込めって……、そんなのムリです」などと言わなくなります。

③作業効率が高まる

作業効率を高めるには、似た作業を連続させることです。顧客訪問なら顧客訪問、電話なら電話、資料作りなら資料作り……と、同じような作業を一定の時間帯に集中して実行するのです。社内にいないことで、それぞれの時間帯で行なうべき作業がシンプルになり、作業効率が高まります。

④周囲からの「とりあえず依頼」がなくなる

「ツイスター型」チームの営業組織は、日中駆け抜けています。そんなメンバーに対して、「面倒な仕事はとりあえず営業に振っておけ」と考える社内の人間は、当然いなくなります。「とりあえず、この資料作ってくれるかな」「とりあえず今度の会議までにこの分析やっといて」といった「とりあえず依頼」はなくなります。

⑤「やりきる習慣」が身につく

ストレス耐性が高い「ツイスター型」チームは、計画したアクションプランをとにかくやりきり、高速にＰＤＣＡサイクルを回し続けます。「わかっちゃいるけど、なかなかできないものですね」などと呑気に言う営業はいなくなります。

⑥リアルタイムコミュニケーションがとれる

目標と現状の空白を埋めるためには何をすべきかを自分で考え、行動を改善し続けるのです。そして、それでも空白が埋まらないときは、何度でも上司に相談します。

上司から声をかけてもらうまで待つ、次の会議がある日まで待つなどということが減り、リアルタイムコミュニケーションが活発に行なわれます。

⑦会議の時間が劇的に減る、上司はどんどんラクになる

上司は、やるべきことをやりきり、リアルタイムに「ホウ・レン・ソウ」する部下を信頼するようになります。チーム内に強固なラポールが構築され、まさに「組織一丸」となっていきます。会議で定期的に進捗を確認する必要もなくなるので、会議時間が激減します。

「そよかぜ型」と「ツイスター型」。さて、どちらを選びますか？

絶達ポイント

「ツイスター型」チームになると、さまざまな相乗効果が得られる。

予材ポテンシャル分析

「今すぐ買ってくれるお客様」という基準を捨てる

先述したとおり、行くべき先は、「今すぐ仕事をくれるお客様」ではなく、「今すぐかどうかは別にして、予材ポテンシャルのあるお客様」です。

これは、投資の発想と同じです。「すぐに値上がりする株」ではなく、「潜在的にポテンシャルのある企業」を見極めて中長期的に投資するのです。しかも、投資先を分散させることが重要です。

今すぐ仕事をくれそうなお客様ばかり探すのは、とても疲れます。ギャンブル的な発想ですし、心が荒んできます。こういう営業活動をしている組織がいまだに多いため、営業職を嫌がる人が減らないのです。

私は営業ほど素敵な仕事はないと思っています。

正しい営業活動をすれば、心も体も健全になれます。すばらしいお客様との出会いが、人生を豊かにさせます。

そして、自分の市場価値（マーケットバリュー）を押し上げ、もしも今の会社を辞めて転職するときでも、自分で起業するときでも、営業で培ったスキルや人脈は、大いに役立つのです。

そのためにも、まずは、**自分の目標達成に寄与できるお客様がどこにいるのかを見極める力**をつけましょう。

「今すぐ買ってくれるお客様」という基準でばかり考えていると、相手に会わないとわかりませんし、会って話して脈がないと思うと、すぐにあきらめてしまいます。

短期的な視点は捨て、「予材ポテンシャル」があるかどうかを基準にします。そうすることで、そのお客様に接触する前から、行くべきかどうかの判別ができます。そして、たとえ窓口になった人の反応が悪くても、あきらめることはなくなります。

「予材ポテンシャル分析」の進め方

では、具体的な「予材ポテンシャル分析」の進め方を解説します。

①リストアップ

まず、既存顧客や新規を含めた訪問先をリストアップします。

新規の訪問先については、現場から距離を置いたマーケティング部門あるいは営業マネジャーが外部の企業データベースを活用してリスト化します。

現場の営業担当者は、どうしても過去の経験から、

「ここは行っても仕方がないですよ」「以前アプローチしましたけど反応が鈍かった」

といった感覚で判断しがちです。

こういった**先入観を排除するため、客観的なデータに基づく事実で分析**していきます。

また、社内にあるリストだけを使用すると、抜け漏れが多くなります。少しコストがかかるかもしれませんが、ここを省略すると、質の高い「予材資産」が積み上がりません。目標の2倍の予材を仕込むなんて、夢のまた夢になってしまいます。

お客様のリストをどう準備するか。

ここが、成功するか失敗するかの分かれ目になると言っても過言ではありません。

②「全体ポテンシャル」「予材ポテンシャル」の分析

リストアップを終えたら、次に、それぞれのポテンシャルを考えていきます。

ポテンシャルには、**「全体ポテンシャル」**と**「予材ポテンシャル」**の2つがあります。

全体ポテンシャルとは、自社が扱っている商材について、どれくらいの取扱量があるのか、その総額を指します。全体ポテンシャルには、ライバル他社の同じ商材の購入に使っているであろう額が当然含まれます。

この額を推測するには、**訪問先の状況を知る**必要があります。

相手に質問しても答えてくれない場合もあるでしょう。そういう場合、上司やベテラン営業に尋ねます。

「あの会社なら、10億の取扱量はあるはずだ。取り扱っている商品ラインアップを見れば、だいたい推測できる」

こう答えてくれるでしょう。

もしも上司やマネジャーが、お客様の全体ポテンシャルを推測できないのであれば、残念ながら、その人は何も考えずにこれまで営業活動をしてきた証拠です。お客様から言われたことをやってきただけの人ですので、他の人を頼ったほうがいいでしょう。

全体ポテンシャルが10億円と推測できたとしても、10億すべてが自社の予材になるケースは少ないでしょう。そこで、

「10億を全部いただくのは現実的でないが、そのうち6億は可能性ある」と考えます。この6億円の部分が**「予材ポテンシャル」**です。

完璧主義の発想で考えず、予材ポテンシャルは大ざっぱに決めるのがコツです。

既存、新規それぞれに対して、漏れなくこの分析作業を進めていきます。作業を行なうのは、リストアップ作業と同じく、マーケティング担当者や営業マネジャーです。

実際の作業時には、集計用のツールを使います。

それが、本書読者限定特典「予材管理5つ道具」の1つ、**「予材ポテンシャル分析のExcelシート」(http://frstp.jp/bible より無料ダウンロード可)**です。シートでは、重点顧客とそれ以外の既存顧客を分けて記述します。重点顧客については、過去数年にわたる商材ごとの全体ポテンシャルと予材ポテンシャルを書き込みます。

「予材ポテンシャル分析」は「採用基準」と似ている

私は現在、6名のコンサルタントを部下として抱えています。彼ら彼女らの大半が私のセミナーなどに通いつめた方々で、半年とか1年をかけ、お互いを十分に知ってから採用を決めています。

一方で、そのような個人的なルートではなく、人材紹介会社を使ってコンサルタントの募集をしたことがあります。しかし、過去に一度も、紹介会社から入社した部下がいないのです。それは、人材紹介会社の問題ではなく、私の問題です。なぜなら、私の「採用基準」が曖昧だからです。

「横山さん、絶対達成のコンサルタントをするには、どんな資格とか、どんなスキルが必要ですか？」

「資格も要りませんし、特殊なスキルも要りません。元気で明るく、ガッツがある人がいいですね」

「横山さん、そんな人は膨大にいるので、もっと絞り込まないと。過去にどんな方がコンサルタントとして入社していますか？」

「金貸しの仕事をしていた人とか」

「金貸し？　消費者金融のような？」

「そうです。根性ありますよ。あとは元ミュージシャンとか」

「ミュージシャン？」

「演劇とか音楽とかやっている人でもいいですよ。スポーツインストラクターなんかも、当社には向いてるんじゃないでしょうか」

「そうですか……。それじゃあ探しようがないな」

私の場合、1年に1人コンサルタントとして採用するかどうかですから、具体的な採用基準がまだありません。自分が知っている人の中から「誰かいい人がいないかな」と探しているだけです。

営業でも、このような発想の人がいます。

「予材を2倍も用意しろと言われても、どこにあるんですか？　大量行動と言っても、どこにそんなお客様がいるんですか？」と聞いてくる営業です。

自分の知っているお客様にしか顔を出さない営業は、膨大なマーケットの中で、どこに予材をたくさん持っているお客様がいるのか、探せないのです。なぜなら、その基準がないからです。

前述したとおり、**予材ポテンシャル分析は極めて重要なプロセス**です。このプロセスを省略すると、後述する「予材コンバージョン率」も一向に上がらず、2倍の予材があっても目標が達成できないという事態にもなります。

予材ポテンシャルを見極める基準は、一度で決まるものではありません。何度も繰り返し、実践して精度を上げていくものです。

それは、「当社に合う人材はどういう基準だろうか」を考えるのと同じ。回数を重ねないと決まらない指標です。ここは手を抜かずに、やっていきましょう。

絶達ポイント

「予材ポテンシャル分析」に手を抜くと、質の高い予材が集まらない。

予材コンバージョン率の考え方

予材CV率で、問題の所在と対策が見えてくる

量がしっかり確保できたら、次に質の転換を図っていきましょう。

「白地」から「仕掛り」へ、「仕掛り」から「見込み」への推移を表す数字――それが、「予材コンバージョン率」です。

この推移を数値化し、チェックすることで、予材の積み上げと目標達成に向けた活動が適切に進んでいるかどうかが確認できます。

読者限定特典の**「予材管理ダッシュボード」（http://frstp.jp/bible より無料ダウンロード可）**の左下に**「予材コンバージョン率の推移」**の欄があります。
これは、「白地」「仕掛り」「見込み」といった予材区分それぞれのコンバージョン率（以下、CV率）を示したものです。

◎**「白地CV率」……白地から仕掛りに移った確率**
◎**「仕掛りCV率」……仕掛りから見込みに移った確率**
◎**「見込みCV率」……見込みから受注に至った確率**

目標が1億として、予材を2億仕込みます。「見込み」が8000万円、「仕掛り」が6000万円、「白地」が6000万円としたとき、それぞれのCV率を過去の経験値で算出しておくことが重要です。

「見込み」のCV率はいつも100％ですから、気にすべきは「仕掛り」と「白地」のCV率です。

たとえば、仕掛りのCV率が30％で、白地のCV率が5％だと、

・見込み（8000万円）×100％＝8000万円
・仕掛り（6000万円）×30％＝1800万円
・白地（6000万円）×5％＝300万円

となり、すべてを足すと1億円を超えるため、目標未達成リスクは低いと考えられます。

しかし、仕掛りのCV率が20％だったり、白地CV率が0％に近かったりすると、目標に達成しない可能性が強まります。見込みが100％を下回ると、とたんに未達成率は上がります。

多くの現場で予材管理のコンサルティングをしていますが、「予材が2倍あるのに目標が達成しない」と言い出す営業は、ほとんどこの「予材CV率」を考えていないのです。

単純に2倍の予材を仕込めば目標が達成するのであれば、誰も苦労をしません。**どこに問題があるのか、その所在がわからなければ、問題の解決策もまた不明瞭になります。**

「予材管理」というマネジメント手法に問題があるのか、仕込んでいる白地の質に問題があるのか、仕掛りの予材に対する商談の進め方に問題があるのか。もしくは、目標が高すぎるのか。

予材CV率を意識することによって、ある程度見えてくるのです。

予材CV率の数字を基に、対策を考える

予材CV率の数字が良好でない場合、目標達成に向けた改善を行なう必要があります。

①見込みCV率が低い場合

「見込み」のCV率は、「100％」でなければなりません。よほど不測の事態が起きない限り、ほぼ間違いなく実績につながる予材です。

このCV率が80％とか70％ですと、不確実性の高い予材が見込みに含まれている可能性があります。

その場合は、本来は「仕掛り」である予材が入っていないかを検証してください。

②仕掛りCV率が低い場合

仕掛りのCV率が低い場合、営業本人のコミュニケーションスキル、提案力をまず疑います。もし相手が組織であるなら**「予材配線図」（http://frstp.jp/bible より無料ダウンロード可）**を使い、相手の組織の誰に会っているのか、適切なキーパーソンに正しい働きかけをしているのかもチェックします。

個人のスキルアップは時間がかかりますので、まずは適切なキーパーソンに、正しいタイミングで接触できているか、スピード感は十分かを調べます。

③白地CV率が低い場合

白地CV率は通常、あまり高くならないものです。お客様が意識している予材ではない、単なる仮説だからです。

営業が勝手に仮説として作った予材ですから、CV率が低くてあたりまえ。「仕掛り」に移行したらラッキーとぐらいに思いましょう。

大切なことは、「予材資産」との入れ替え作業です。

「種まき」「水まき」活動で使う「KPIカウントシート」から「予材管理シート」の白地へ転記する回数を増やすことです。

「予材ポテンシャルはあるが、今期は望みが薄い」と判断したら、白地から外すのです。

白地が減ると、2倍をキープできなくなるので、「今期中に実績につながらないだろうが、このまま白地として残しておこう」とすると、これが**「塩漬け予材」**と化します。

見た目は「2倍の予材」があるように見えますが、実は質の悪い予材が一定量占めているため、目標が達成しない危険性が高まります。
予材の新陳代謝が重要です。

絶達ポイント

予材CV率を洗い出し、常に目標達成に向かっているかをチェックする。

事業戦略と予材管理

「予材管理」の2つの基本思想

「予材管理」は、営業の商談や案件をマネジメントする、ちょっとしたアイデアではありません。**従来からある営業管理を根本的に覆す発想**を包含しています。

ですから、「絶対達成」なのです。マネジメント手法を少しアレンジしただけで目標が絶対達成するほど、営業は甘くありません。

「予材管理」の基本思想をお伝えすると、以下の2点になります。

①リスク分散

②複利効果

企業として顧客戦略を策定し、その戦略と合致した**「予材ポテンシャル」**のお客様に対し、継続的に接点を持つことで**「リスク分散」**します。

重要なポイントは、**「今期、仕事をもらえるか。受注するか」という観点ではなく、接触する先が「予材ポテンシャル」の基準を満たしているかどうか**です。

営業個人の勝手な判断や、相手の反応に一喜一憂しないのが「予材管理」における基本的な営業活動です。

また、ある一定のトップセールスに依存した経営もリスクがあります。

偏った成績とならないように、個人の営業スキルという視点からも「リスク分散」を心掛けます。**営業スキルに左右されない手法の積み重ね**で目標達成にこだわるのはそのためです。

「複利効果」とは、運用で得た利益を再投資して利益を生み出すことであり、時間が経過すればするほど雪だるま式に利益（資産）が増えていきます。

予材管理も同じような発想で資産形成を目指します。

外部環境が変化しても、安定的に目標を達成させなければなりません。

ですから、「今期の結果を出すのに、どこへ行けばいいんだ！」と迷うのではなく、「予材ポテンシャル」のあるお客様へ「水まき」活動を続け、「予材資産」を蓄積していきます。

熟成した「予材資産」が増えれば増えるほどリターンは大きくなります。短期的なリターンを狙うのではなく、**中長期的な視点で資産形成を考える**ことが重要です。

1年間の営業活動を一覧し、必要とあらば策を打つ

◎「予材ポテンシャル分析」によって、種まき先をリストアップする

（営業ごとではなく、組織全体で行なう）

↓

◎**「KPIカウントシート」に種まき先をプロットする**

（移動時間が最短になるよう、エリア別に営業へ種まき先を配分する）

↓

◎**「超行動」によって、「水まき」「種まき」活動を十分に続ける**

（組織で決められた「KPIインターバル」に従い、淡々と接触を続ける）

予材資産が潤沢になってくると、今期の数字に反映できそうな予材が現れ、**「予材管理シート」（http://frstp.jp/bible より無料ダウンロード可）**に記入できるようになります。

予材管理シートは、**営業1人ひとりが1枚ずつ作ります。**営業マネジャーは、これ1枚で、営業ごとの今後1年間における予材を一覧できます。

予材管理シートには、1年間の予材をすべて記入します。

少なくとも、半年分の予材を書き込んでください。それよりも短い期間しか予材を管理できないとなると、策が後手に回りがちになりますし、予材管理の基本ポリシーである「中長期的な視点」が得られなくなっていきます。

予材管理シートのもう1つのメリットは、**「適正予材規模」と「予材合計」の差を確認できる**ことです。

予材が足りないと、予材合計から適正予材規模を差し引いた金額の欄がマイナスになります。

予材管理シートに1つでもマイナスが出たら、**予材の見直し**が必要です。

営業マネジャーは部下と話をし、予材が積める余地を一緒に考えていきます。これが部下育成にもつながります。

予材管理を事業戦略に生かす

私たちは中期経営計画を作る際にも、予材管理を役立ててもらいます。

3年、5年後のあるべき姿を描き、経営計画を作っても「絵に描いた餅」にしてしまう会社はたくさんあります。

経営計画を単なる絵空事にしないためにも、中期経営計画でも予材管理を使って事業戦略を具体化させます。

急成長しているIT企業に支援に入った際、社長が

「現在20億の会社を3年後に50億にしたい」

とおっしゃいました。

そのためにどう資金調達するか、どれだけの人を採用するのか、どこに支社を作るのか等、中期経営計画として形にしました。

私はそれを見たとき、すぐに「予材はどこにありますか?」と聞いたのです。

「3年後の予材も考えるのですか?」

と質問されたので、私は「当然です」と答えました。

「3年後に50億の売上目標を達成させるのであれば、そのときに100億の予材がなければいけません。仮説でいいので、どこに100億の予材があるのか教えてくださ

い」

その社長は絶句してしまい、しばらく考え込んでしまいました。計画は立てたはいいが、どのように実現させるかまでは考えていなかったのです。**勢いだけでは、達成できるものも達成できません。**

「マーケットを分析すると、現在のソリューションでは40億までが限界でしょう。つまり80億ぐらいまでは、今のサービスで予材を仕込むことはできます。しかし、それ以上はムリです。ということは、今のうちに新サービスを考える必要があります」

私のこの発言は、かなり説得力があったようでした。

「3年後に20億の予材が出てくるような新サービスを今から作らないと、とても50億は到達できない、ということですか」

「社長がこの中期経営計画を絶対達成させたいというのであれば、そうです。達成できればいいな、というレベルでお考えであるなら、そんな2倍の予材も要らないでしょう」

私のこの発言が、社長のハートに火をつけました。

「私が横山さんを呼んだのは、この計画を絶対達成させるためです。3年後に100億の予材を仕込むことができるよう、新しいサービスを考えます」

当社アタックスグループは、会計ベースの経営コンサルティングファームです。私は、グループ会社の会計士集団と力を合わせ、管理会計上、正しい予材を仕込めるような商品開発もお手伝いします。

むやみやたらに予材を増やし、取引を増やした結果、資金繰りに苦しむようになっては本末転倒だからです。

絶達ポイント

中長期的な視点で予材資産を形成すれば、どんな事業計画も達成できる。

マーケティングと予材管理

４Ｐ理論を予材管理で考える

予材管理をすると、マーケティング戦略の立て方にもルールが生まれます。

「４Ｐ理論」は、１９６０年にジェローム・マッカーシーが提唱したマーケティングミックスの理論ですが、これを基に予材管理について考えてみましょう。

４Ｐとは、

◎Product…プロダクト（製品）
◎Price…プライス（価格）
◎Promotion…プロモーション（販促）
◎Place…プレイス（販路・顧客）

の4要素です。

では、この4要素を、予材管理では、どのような順序で考えるべきでしょうか？

①まずプライスを考える
②目標を達成するためのマーケティング戦略（プロダクト、プレイス、プロモーション）を考える

の順になります。この手順を間違えたり、徹底を怠ると、営業パーソンが自分のやりたいように営業活動を始めてしまうのです。

最初に考えなくてはならないのは、プライスです。私たちの言葉では「予材単価（予材1つ当たりの金額）」と呼びます。

企業経営を考える上で、あらゆる指標はお金がベースとなっています。お金がすべてではないことは当然ですが、お金がベースになっていることは万国共通です。

したがって、目標は金額で表現されており、その額から逆算してマーケティング活動をするわけですから、4Pのうち、まず「プライス」がくるのは当然です。

なぜ「プライス」を最初に考えるべきなのか？

商品や、お客様を念頭に置いてまずマーケティングを考えると、「この商品を売るためにはどうすればいいか」「このお客様に売るためにはどの商品がいいか」という発想になってしまいがちです。

そうではなく、

「自分の目標は年間5000万。管理できる予材の限界個数を50個とすると、2倍の1億円分の予材を仕込むためには、平均予材単価は200万円となる」

と考えるのです。そして、「200万円の予材を1つ作るには、当社の10万円の商品を20個以上買ってくれるようなお客様をターゲットにしないといけない」と考えます。

自分の目標から逆算して予材単価を決め、それから商品とお客様像を決めていきます。こうすることで「10万円の商品を20個以上買ってくれる」という予材ポテンシャルの基準が決まってきます。

「こういうお客様にリーチするには、どうすればいいのか。それなりの会社に飛び込み訪問しても相手にされないから、ターゲットを絞り、イベントを開催して参加してもらうようにしてはどうか」などと、最後にプロモーション戦略が決まってきます。

予材管理は必ず目標から逆算して、予材を仕込んでもらいたいのです。そうでないと、努力した割には成果に結びつかない「自転車操業」を続けるハメになります。

絶達ポイント

まずは「予材単価」を算出してロックし、その上で他の3Pを逆算する。

人事評価と予材管理

評価されるのは、イチゴを育てた人か？　収穫した人か？

これまで何度も言ってきたように、「種まき」「水まき」こそが営業活動の基本です。目先の商談をクロージングし、成約させることは当然ですが、それだけが営業活動ではありません。

単純接触を繰り返し、ポテンシャルのあるお客様とどれほど信頼関係（ラポール）

を構築し、いかに質の高い「予材資産」を積み重ねるか、なのです。

土を耕し、良い土壌を作り、維持し、そこに種をまき、水をやり続けた人の働きは最も尊いものです。お客様からの引き合いを待っているだけで、声がかかったら商談活動に入る営業は、イチゴ狩りに来ているお客様と同じです。


あなたが経営者だったら、誰を評価しますか？


美味しいイチゴを育てた人ですか？　それともイチゴを収穫した人ですか？

どちらも大事かもしれませんが、どこに比重を置くかで組織の考え方がわかります。

私は、真面目にやっている人が報われる組織であってほしいと思っています。

目標を達成させるためにはどうすればいいのか？　それを本気で考えている人が報われるべきです。

ポテンシャル分析は面倒な作業です。表面的な態度に惑わされず、ポテンシャルのあるお客様なら接触し続けろと言われても、なかなか難しいのはわかります。

しかし、それを継続できる人が、将来の利益を生むお客様を運んでくるのです。

この人たちが評価されず、足元の結果ばかりに目を奪われている人が認められるような組織は「空気」が悪くなります。

目標達成率だけでは、営業のポテンシャルを測ることはできない

私たちがコンサルティングする際、**「予材管理コンピテンシー」**という予材管理の活動を評価につなげる細かい指標を作って運用することがあります。

たとえば、次のA、Bの2人の営業がいるとします。

- **Aさん**……目標に対して95%の達成率。ただし、「仕掛り」がほとんどなく、「白地」はいっさいなし
- **Bさん**……目標に対して78%の達成率。ただし、「仕掛り」は40%、「白地」は110%ある

単に目標達成率だけを見てしまうと、Aさんの評価が高くなってしまいます。95%という達成率を見ると、あと少しのように見えるからです。

一方、Bさんは78%の達成率ですから、かなり低いと言えます。

しかし、会社にとって貢献度が高いのは、どちらでしょうか？

組織の考え方にもよりますが、短期的な視点でしか営業活動ができていないAさんは、リスクの高いやり方をしていると言えます。予材を潤沢に仕込んでいれば、100%はおろか、もっと大幅に達成していたかもしれないからです。

大幅に未達成となったBさんを評価することは難しいでしょう。しかし、**種まき、水まきを精力的に行なっている**のであれば、その分を考慮してもいいと私は考えています。やがて**その活動は、大きな実りとなって会社に利益をもたらす**からです。

目標達成率という「結果」は、**「お客様やエリアに恵まれていない」「マーケットポテンシャルに比べて、目標が高すぎる」**などの理由により、高い数字が出ない可能性があります。

その結果、真面目にやっている営業のポテンシャルを、正当に評価できない恐れがあります。

表面的な結果を鵜呑みにせず、各営業の行動を正しく把握し、個々のポテンシャルを「見える化」しましょう。 それを基に、正しい人事評価をするのです。

お客様やエリアに恵まれた〝ラッキーなトップセールス〟が過大評価されることなく、正しい努力を積み重ねた〝真の営業〟がしっかりと評価される環境を整えるのです。

そうすれば、営業は「正しい努力は報われる」と感じます。そして、より創造的で、より自主的な活動を行なうようになるのです。

絶達ポイント

予材管理コンピテンシーで、正しい努力を積み重ねる〝真の営業〟を評価する。

おわりに――「絶対達成」はマイノリティ

「はじめに」に書いたとおり、「絶対達成」の名を冠したサービスやコミュニティはどんどん増えています。毎年開催する「絶対達成ＬＩＶＥ」の動員数は１０００名を超える勢いですし、高い目標を宣言し、その目標を絶対達成させる――この思想に共感を持つ仲間が全国で広がっているのです。

しかし、そうは言っても、この「絶対達成」の思想がメジャーになることはないでしょう。

世の中の8割、9割の人が「目標は達成したいけれど、難しい」という価値観なのです。「目標を達成させるのはあたりまえ」などという思考パターンを持っていませんし、持ちたいとも考えていないのです。

だからこそ「絶対達成」は価値が高いと言えます。ほとんどの人が手に入れようとしても得られないマインドだからです。そして、絶対達成マインドさえあれば、同じようなマインドを持った仲間が集まってきて、さらに自己成長を助けてくれます。

絶対達成マインドを持つ人は、マイノリティです。決してメジャーになることはない。

しかし、**このマインドを持っているだけで圧倒的な差別化ができます。**どんな事業をはじめようと、どんな人生を送ろうと道が開けていきます。

私はこの書籍を読んで共感を持った人と、満ちあふれるエネルギーを互いに交換しながら、自社のため、お客様のため、社会のために使い続けられたらと思っています。

2016年11月

横山信弘

【著者プロフィール】

横山信弘（よこやま・のぶひろ）

アタックス・セールス・アソシエイツ代表取締役社長。

企業の現場に入り、目標を絶対達成させるコンサルタント。支援先は、NTT ドコモ、ソフトバンク、サントリー等の大企業から中小企業にいたるまで。3大メガバンク、野村證券等でも研修実績がある。企業研修は、基本的に価格がつけられず「時価」。にもかかわらず、研修依頼はあとを絶たない。現場でのコンサルティング支援を続けながらも、年間100回以上の講演実績は6年以上を継続。全国でネット中継するモンスター朝会「絶対達成社長の会」は、東京、名古屋、大阪、福岡など全国6カ所で同時にネット中継し、経営者、起業家を300名以上動員する。メルマガ「草創花伝」は3.5万人の経営者、管理者が購読。日経ビジネスオンライン、Yahoo! ニュースのコラムは年間2000万以上のPVを記録する。

著書『絶対達成マインドのつくり方』『空気で人を動かす』など著書の多くは、中国、韓国、台湾で翻訳版が発売されている。年間100回以上の講演、セミナーをこなす。ロジカルな技術、メソッドを激しく情熱的に伝えるセミナーパフォーマンスが最大の売り。

横山信弘メルマガ「草創花伝」 http://attax-sales.jp/mailmagazine/
絶対達成チャンネル http://www.forestpub.co.jp/yokoyama/

絶対達成バイブル

2016年12月11日　　初版発行

著　者　横山信弘
発行者　太田　宏
発行所　フォレスト出版株式会社
〒162-0824 東京都新宿区揚場町2-18　白宝ビル5F
電話　03-5229-5750（営業）
03-5229-5757（編集）
URL　http://www.forestpub.co.jp

印刷・製本　中央精版印刷株式会社

ISBN978-4-89451-739-4 Printed in Japan

絶対達成バイブル

読者の方に限り
特別プレゼント

ここでしか手に入らない貴重な情報です。

目標を絶対達成させる営業シート
「予材管理5つ道具」

（PDF ファイル）

著者・横山信弘さんより

本書の中で、絶対達成するための営業の原理原則、スキルをお伝えしました。その中で、第４章「絶対達成の予材管理」で紹介した「予材管理５つ道具」（PDF ファイル）をご用意しました。本書の読者限定の特別プレゼントです。あなたの目標を絶対達成を実現するための最強ツールとして、本書とともにぜひご活用ください。

特別プレゼントはこちらから無料ダウンロードできます↓

http://frstp.jp/bible

※特別プレゼントは Web 上で公開するものであり、小冊子・DVD などをお送りするものではありません。
※上記無料プレゼントのご提供は予告なく終了となる場合がございます。あらかじめご了承ください。